처음 시작하는
동물 폼폼

털실을 돌돌 감아 만드는 폭신폭신한 마스코트

trikotri 지음 · 박재영 옮김

라의눈

Contents

프롤로그	4	
들어가며	12	

동물 폼폼 브로치 14

		how to make			how to make
얼룩 다람쥐	16	88	굴파기 올빼미	34	99
붉은 미국 다람쥐	17	89	아프리카 소쩍새	34	104
토끼(그레이)	18	87	원숭이 올빼미	35	105
토끼(베이지)	19	79	판다	38	106
고슴도치	20	90	코알라(엄마)	39	108
너구리 판다	22	91	코알라(아기)	39	109
햄스터(그레이)	23	94	여우	40	107
햄스터(화이트)	23	94	늑대	41	110
햄스터(베이지)	23	95	사자(수컷)	42	112
토이푸들	26	96	사자(암컷)	43	111
포메라니안	27	92	나무늘보	44	114
이그조틱 쇼트헤어	28	93	양	46	115
턱시도 고양이	29	98	곰	48	73
색문조(벚꽃 문조)	30	100	북극곰	50	116
백문조	31	100	바다표범	52	117
사랑 앵무(흰색×파란색)	32	102	수달	53	118
사랑 앵무(노란색×담청색)	32	102			

폼폼 아이디어 1　　　54
사자(수컷)+리본
이그조틱 쇼트헤어+진주

폼폼으로 만드는 *mini* 마스코트　　　56

		how to make
참새	56	122
사랑 앵무(파란색)	58	120
사랑 앵무(연두색)	58	120
색문조(벚꽃 문조)	58	121
백문조	58	121
고슴도치(엄마)	60	124
고슴도치(아기)	60	124
양	62	119

폼폼 아이디어 2　　　64
나비
국화 폼폼

폼폼 만들기의 기본　　　66

도구	66
폼품의 크기	67
사용하는 실	68
기타 재료	70
눈과 코	71
만들기 페이지를 보는 방법	72
기본 만들기 ❶ 곰	73
기본 만들기 ❷ 토끼(베이지)	79
만드는 방법	87
패턴	126
판권	128

복슬복슬, 폭신폭신.
하나의 모양이 완성되기 전부터
쭉 이어져온 즐거운 예감.

외출할 때 입을 옷에 달거나 파티의 장식품으로도 사용할 수 있어요.
어떤 녀석으로 할까, 고르는 시간이 너무나도 즐거워
계속 기다리고 싶을 정도랍니다.

두 볼 안에

잔뜩 든 건 뭐니?

털실을 돌돌 감아 단단히 묶은 뒤
가위로 싹둑싹둑 잘라 만드는 폼폼은
동글동글, 폭신폭신해서 손바닥 위에 올리면
포근한 느낌을 줍니다.

그 모양만으로도 귀엽고 사랑스러운 털실 폼폼에서
개성 넘치는 동물들이 탄생합니다.

동그란 폼폼에 귀와 코, 눈, 부리 등을 붙여주면
어느 날 갑자기 동물들이 무슨 말을 하고 싶다는 듯
생생한 표정을 보여주기 시작합니다.

이 책에서 보여드리는 디자인과 똑같이 만들지 않아도 됩니다.
동물들의 표정은 저마다 다르고 개성적이라
당신의 손에서 탄생한 동물이 가장 귀여울 테니까요.

털실이 겹겹이 쌓여 단면이 나타나며
동그란 폼폼의 모양이 바뀌는….

완성되기까지의 과정을 여유롭게 즐기면서
만들어보세요.

trikotri

동물 폼폼 브로치

털실을 지정한 위치에 돌돌 감아 폼폼 베이스를 만든 다음
여러 각도에서 모양을 확인하며 신중하게,
때로는 과감하게 폼폼을 잘라서 동물 모양을 만듭니다.
존재감이 한껏 드러나는 동물 브로치는 장식해서 바라보는 것으로도 좋지만
옷에 달면 또 다른 풍부한 표정이 드러난답니다.

얼룩 다람쥐

감은 실을 가위로 잘랐을 때
얼룩 다람쥐의 줄무늬가 나타납니다.
가윗날의 끝을 이용하여 털실의 방향을 잡아가면서
잘라주세요.

how to make ... P.88

붉은 미국 다람쥐

눈 주위의 흰 부분과 볼록하게 부풀어 오른 볼 주머니가 매력 포인트랍니다.

how to make ... P.89

토끼(그레이)

세로줄이 들어간 팔八자 무늬의 토끼. 초식동물은 시야가 넓어 눈이 바깥쪽을 향합니다.

how to make ... P.87

토끼 (베이지)

양모 펠트로 만든 귀를 붙이는 위치에 따라서 표정도 달라집니다. 18페이지의 토끼와 털실의 색상을 바꾸어 만들어도 좋아요.

how to make ... P.79

고슴도치

뾰족뾰족, 위를 향한 코끝이 귀여운 고슴도치입니다. 코 주위를 니들 펠트용 바늘로 콕콕 찔러 실을 엉키게 하여 단단히 뭉칩니다.

how to make ...　P.90

너구리 판다

무늬를 맞춰가며 털실을 잘라주세요.
눈의 위치가 얼굴 아래쪽으로 위치하면
천진난만한 표정이 만들어집니다.

how to make ... P.91

햄스터
(그레이, 화이트, 베이지)

조그마한 햄스터 품폼은 머리고무줄로 만들어도 귀엽습니다.

how to make ... P.94~95

이번 주 일요일에는
누굴 데리고 나갈까?

토이푸들

복슬복슬, 곱슬곱슬 털실을 이용해 만든 폼폼은
그 모습 그대로 토이푸들을 꼭 닮았어요.

how to make ...   P.96

포메라니안

눈과 눈 사이의 색이 진한 부분과 입 주위의
회색 부분은 별것 아닌 듯해도 매우
중요한 포인트.

how to make ... P.92

이그조틱
쇼트헤어

알파카 혼합 털실을 이용해 만든 폼폼은
손에 닿는 감촉이 특별합니다. 언뜻 보기에도
부드럽고 폭신폭신한 고양이가 완성되었어요.

how to make ... P.93

턱시도 고양이

턱시도 무늬가 선명한 이 고양이는 어딘지 새침한 표정을 짓고 있네요. 가윗날 끝으로 무늬를 맞춰가며 털실을 잘라주세요.

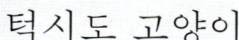 P.98

색문조 (벚꽃 문조)

폼폼으로 머리, 부리, 몸통을 각각 만들어서 연결했습니다. 통통한 볼이 포인트.

how to make ... P.100

백문조

브로치로 사용할 경우, 바닥을 평평하게 잘라 주머니 속에 넣어서 얼굴을 살짝 드러나게 하면 함께 외출할 수 있어요.

how to make ... P.100

사랑 앵무
(흰색×파란색, 노란색×담청색)

치크 패치라고 불리는 볼의 둥근 반점이
매력 포인트입니다. 코나 몸통을 자신이 원하는
색상으로 바꿔서 만들어도 좋아요.

how to make ... P.102

쿵쿵, 쿵쿵.
오늘 저녁밥은
뭘까?

굴파기 올빼미

세 가지 색상의 실을 함께 감아서 몸통의 무늬를 표현했어요.

how to make ... P.99

아프리카 소쩍새

뚜렷한 무늬와 부리 주위의 수염이 포인트.

how to make ... P.104

원숭이 올빼미

평면적인 모양이 특징입니다. 처음에는 과감하게 대충 자른 후에 모양을 잡으세요.

how to make ... P.105

평범하지만, 특별한 일상.

판다

흰색과 검정색의 무늬가 뚜렷하게 나타나도록
털실을 정돈하며 자릅니다. 39쪽의 코알라처럼
크기나 실을 감는 횟수에 차이를 줘서 엄마 판다와
아기 판다를 만들어도 좋습니다.

how to make ...   P.106

코알라(엄마, 아기)

품폼 메이커의 크기와 실을 감는 횟수에 차이를 줘서 만든 코알라 가족입니다. 엄마와 아기 코알라 또는 형제 코알라끼리 달아도 좋고, 온 가족을 나란히 장식해도 좋아요.

how to make ... P.108~109

여우

눈 주위에 아이라인을 넣으면 여우다운 늠름한 얼굴을 연출할 수 있어요.

how to make ... P.107

늑대

폼폼으로 만들었더니 다정한 얼굴의 늑대가 되었네요. 털실을 자르는 방법이나 아이라인을 넣는 방법에 따라 표정이 확 달라집니다.

how to make ... P.110

사자(수컷)

탐스러운 갈기가 자랑인 아빠 사자. 백수의 왕은 브로치로 만들어도 존재감 최고입니다.

how to make ... P.112

사자(암컷)

품폼으로 만든 엄마 사자의 표정이 상냥해 보이네요. 아빠 사자와 한 쌍으로 만들기 바랍니다.

how to make ... P.111

나무늘보

눈 주위의 무늬와 빙그레 웃고 있는 입가가 포인트. 무늬에 맞춰 털실을 잘라주세요.

how to make ... P.114

때로는 시원스럽고 단정해 보이는 종류의 털실을 선택해보세요.
물론, 약간의 유머도 잊지 마시길.

양

양모 펠트 실에서 탄생한 양. 얼굴의 짧은 털
부분과 그 주위의 복슬복슬한 부분에 차이가
나타나도록 잘라주세요.

how to make ... P.115

곰

폼폼 베이스와 귀는 한 가지 색상의 털실만으로 만들었습니다. 모양은 단순하지만 곰의 표정으로 만드는 사람의 개성을 나타낼 수 있어요.

how to make ...   P.73

세상 단 하나뿐인 너와 함께.

북극곰

폼폼으로 북극곰을 만들었더니 더운 계절에
딱 어울리는 디저트가 되었습니다. 입 주위의
거무스름한 부분이 한층 더 귀엽군요.
북극곰 한입 하실래요?

how to make ... P.116

심플한 원피스의
가슴 부분에
귀여운 단짝 한 마리를
달아보세요.

바다표범

동그랗고 귀여운 눈동자에 시선 고정!
곤란한 듯 보이는 눈썹이 표정을 결정짓네요.

how to make ... P.117

수달

단순한 듯하면서도 특징이 있는 얼굴입니다.
여러 각도에서 모양을 확인하며 털실을 잘라주세요.

how to make ... P.118

폼폼 아이디어 /

리본과 진주를 응용한
외출복용 브로치

본래의 모양만으로도 존재감을 한껏 드러내는 동물 브로치에 리본 테일이나 진주목걸이를 조합해 나들이에 딱 어울리는 표정을 완성합니다. 그날의 기분에 따라 떼었다 붙였다 하거나 종류를 바꿔가며 변화를 즐길 수 있어요. 마음에 쏙 드는 동물 브로치로 자유롭게 응용해보세요.

사자(수컷) + 리본

사자 로제트

폭이 다른 두 가지 종류의 리본을 V자 모양이 되도록 반으로 접은 뒤, 접은 부분을 실로 꿰매서 고정합니다. 조화용 핀을 꿰매어 달고 리본 끝을 비스듬히 자릅니다. 자른 부분에 물로 희석한 접착제를 조금 바르면 올이 잘 풀리지 않아요. 사자 브로치의 아래쪽에 테일용 브로치를 달면 사자 로제트가 완성. 리본 한 종류로 심플하게 만들어도 좋아요.

이그조틱 쇼트헤어 + 진주
고양이 부인 브로치

작은 진주알을 낚싯줄에 꿴 후, 양끝을 브로치용 금속장식에 고정해서 목걸이를 만듭니다. 그런 다음 낚싯줄 끝을 비드 팁에 꿰어 누름볼(고정볼)로 고정한 후 O링을 사용해서 브로치용 대형 옷핀에 연결하면 고양이 부인 브로치가 완성됩니다.

폼폼으로 만드는 *mini* 마스코트

참새

폭신폭신한 깃털을 잔뜩 껴입은 살찐 아기 참새들은 될수록 많이 만들어서 나란히 진열하고 싶어집니다. 털실을 정성스럽게 잘라서 통통하고 동글동글한 모양으로 완성합니다.

<u>how to make ...</u> P.122

사랑 앵무,
문조

별것 아닌 듯한 목의 각도나 눈과 부리를 다는 위치에 따라 표정이 달라지니, 여러 각도에서 모양을 확인하며 만드세요. O링과 체인을 연결하면 가방에 달아서 함께 외출할 수 있습니다.

사진 왼쪽부터

사랑 앵무(파란색)   how to make ... P.120

사랑 앵무(연두색)   how to make ... P.120

색문조(벚꽃 문조)   how to make ... P.121

백문조   how to make ... P.121

고슴도치 (엄마, 아기)

크기를 달리하여 만든 엄마 고슴도치와
아기 고슴도치. 배 부분을 평평하게 잘라서
안정감을 줍니다.

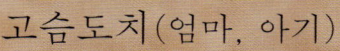
how to make ... P.124

양

까만 얼굴과 다리가 특징인 서퍽 품종의 양입니다. 만들기가 단순해서 엄마와 아이가 함께 만들며 즐길 수 있습니다. 크기나 색상을 달리해서 제작해도 좋아요.

how to make ... P.119

폼폼 아이디어 2

남은 털실로 손쉽게 만들 수 있는
나비와 국화 폼폼

폼폼을 만들거나 뜨개질을 하다가 조금 남은 털실이 있으면
작은 폼폼을 만들어봐요. 폼폼의 모양 그대로 장식품을 만들거나 머
리고무줄 또는 브로치로 만들어도 좋지만, 약간의 아이디어를
보태면 정말이지 사랑스러운 모티프로 변신합니다.

나비

35mm짜리 폼폼 메이커를 이용해서 폼폼 2개를 만듭니다.(실을 감는 횟수의 기준은 병태사(소모사)로 폼폼 메이커의 각 날개에 60~70회) 각각의 폼폼을 묶은 연줄을 서로 연결시켜 자른 뒤 모양을 잡습니다.

연결하는 방법 》 86쪽 수예용 와이어(#26 정도)를 9cm 정도 준비해서 반으로 접고, Y자 모양이 되도록 접은 선 쪽의 약 2cm를 비틀어 고정합니다. 와이어 전체에 털실을 감고 털실을 감기 시작한 부분과 끝 부분에 접착제를 잘 바릅니다. 더듬이 끝에 접착제를 발라서 우드 비즈를 끼우면 완성. 취향에 따라 브로치나 머리고무줄로 만들어도 좋아요.

국화 폼폼

45mm짜리 폼폼 메이커를 이용해서 폼폼을 만듭니다. 처음에 꽃술용 털실을 폼폼 메이커의 날개 중앙에 감습니다.(실을 감는 횟수의 기준은 병태사로 10회) 그 다음, 꽃잎용 실을 같은 횟수만큼 감습니다. 폼폼이 완성되면 잘라서 모양을 잡습니다. 꽃잎 부분이 조금 오목하게 들어가도록 자르면 완성. 이 상태로 브로치나 머리고무줄로 만들어도 좋아요. 줄기를 달 때는 수예용 와이어(#24 정도) 30cm 정도를 준비해서 꽃 모양 폼폼의 매듭에 통과시킨 다음 와이어를 반으로 구부려 접습니다. 와이어 전체를 비틀어서 원하는 길이로 잘라준 후 줄기용 털실을 감고 끝 부분을 와이어에 한 번 묶어서 접착제를 발라 고정합니다. 두세 개를 한데 모아서 코르사주로 만들어도 좋아요.

폼폼 만들기의 기본

도구

이 책에서 사용하는 기본적인 도구입니다.

1 슈퍼 폼폼 메이커
폼폼 메이커를 사용하면 예쁜 폼폼을 쉽게 만들 수 있습니다. 만들고 싶은 폼폼의 크기에 따라 폼폼 메이커의 사이즈를 다르게 사용하세요.
왼쪽에서부터 **연두색**: 65mm, 노란색: 45mm, **분홍색**: 35mm, **보라색**: 25mm(슈퍼 폼폼 메이커 미니) 전부 ㈜클로버 제품.

2 각도기
여러 색상의 실로 폼폼을 만들 때 어떤 색을 어느 위치에 감아야 하는지 계산하기 위해서 사용합니다.

3 연줄
폼폼의 중심을 묶을 때 사용합니다. 굵기는 5호에서 7호 정도를 추천합니다. 약 40cm의 길이로 잘라서 사용하세요.

4 니들 펠트용 바늘
양모를 콕콕 찔러서 뭉쳐서 동물의 귀나 코 등을 만듭니다. 손을 찌르지 않도록 주의해서 작업하세요.

5 털실용 돗바늘
폼폼을 연결할 때 사용합니다. 연결용 연줄이나 자수실을 바늘구멍에 꿸 수 있는 바늘 굵기를 선택하세요.

6 시침핀
이 책에서는 곰이나 북극곰 등과 같이 폼폼 상태에서 얼굴의 방향을 정하기 어려운 모티프를 만들 때 기준으로 사용합니다.

7 펀칭 매트(스펀지)
양모를 니들 펠트용 바늘로 콕콕 찔러서 뭉칠 때 받침으로 사용합니다.

8 가위
폼폼을 만들 때 매우 중요한 도구입니다. 가윗날이 예리해서 잘 드는 수예용 또는 패치워크용 가위를 선택하세요.

9 니퍼
와이어 등과 같이 단단한 부자재를 자를 때 쓰는 도구입니다. 이 책에서는 눈이나 코 부분에 사용하는 단추의 발 길이를 자를 때 사용합니다.

10 수예용 접착제
폼폼을 묶는 연줄의 매듭을 고정하거나 각 부분을 접착할 때 사용합니다. 목공용 접착제를 대용해도 무방합니다.

11 접착제
브로치 핀을 폼폼에 접착할 때 사용합니다. 금속과 털실을 접착할 수 있는 다용도 타입을 선택하세요.

12 이쑤시개
각 부분에 접착제를 바를 때 사용합니다.

폼폼의 크기

66쪽에서 소개한 폼폼 메이커를 사용해서 만들 수 있는 폼폼의 기본적인 크기입니다.
실을 많이 감으면 단단하고 촘촘한 폼폼이, 실을 적게 감으면 폭신폭신하고 부드러운 폼폼이 완성됩니다.

25mm

문조 브로치의 부리나 미니 마스코트용 새 머리 등에 사용합니다. 털실의 색상과 비슷한 자수실을 사용하여 묶습니다.

65mm

이 크기는 대부분의 동물 브로치를 만들 때 기본으로 사용합니다. 양손바닥에 쏙 들어오는 크기여서 나도 모르게 쓰다듬고 싶어진답니다.

35mm

문조 브로치나 미니 마스코트용 고슴도치의 머리에 사용합니다.

45mm

한손에 올릴 수 있는 크기입니다. 미니 마스코트용 새의 몸통은 이 크기의 폼폼을 사용합니다.

사용하는 실

이 책에서는 다양한 색상과 굵기의 실을 사용해서 동물의 미묘한 색감 및 무늬를 표현했습니다. 만일 똑같은 실을 구입할 수 없다면 비슷한 색이나 굵기의 실로 대용해도 됩니다. 사용하는 폼폼 메이커의 크기가 같을 경우 실의 굵기가 가늘수록 감는 횟수가 많아지며, 반대로 실의 굵기가 두꺼울수록 감는 횟수가 적어집니다. "집에 남은 실이 있는데, 색은 비슷하지만 굵기가 달라요." 이런 경우에는 감는 횟수를 적당히 조절해서 도전해보세요.

※실은 전부 실물 크기이므로, 굵기나 색상을 참고하기 바랍니다.

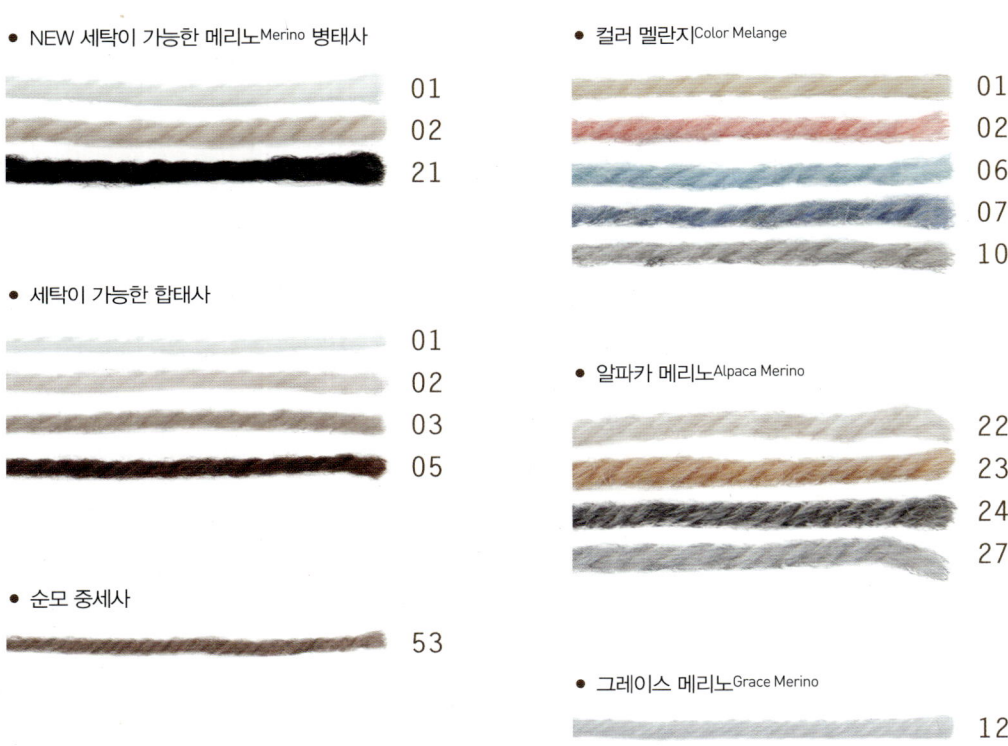

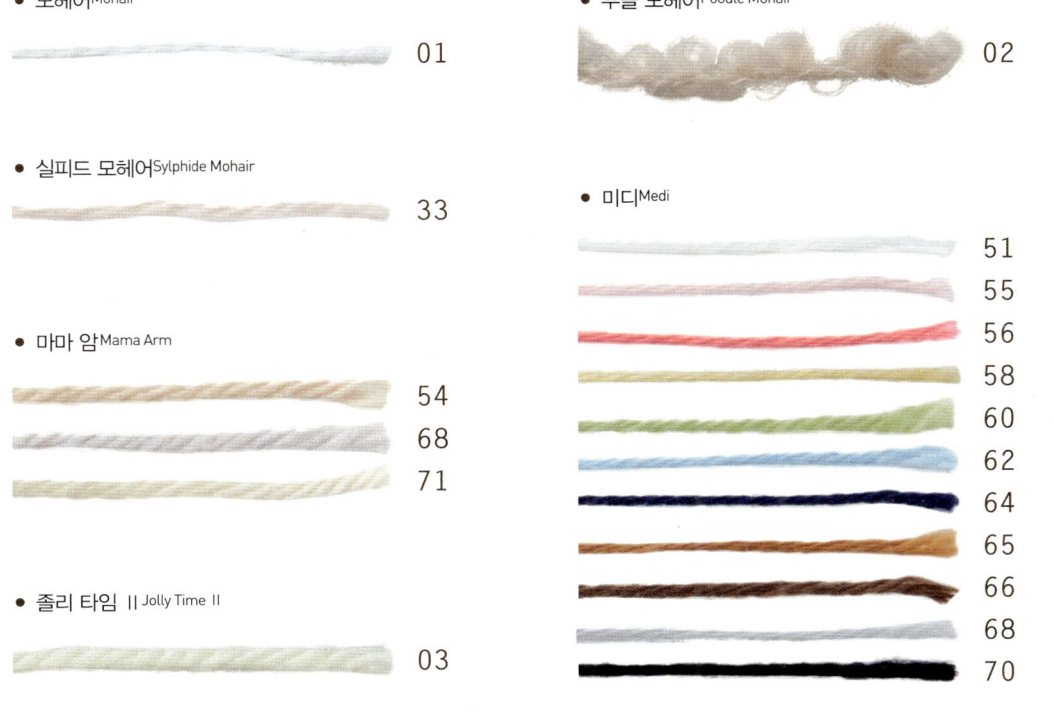

기타 재료

이 책에 실린 작품을 만들 때 필요한 부재료입니다. 양모나 펠트 등은 똑같은 제품을 구입하지 못하더라도 비슷한 색감을 가진 재료로 대용할 수 있습니다.

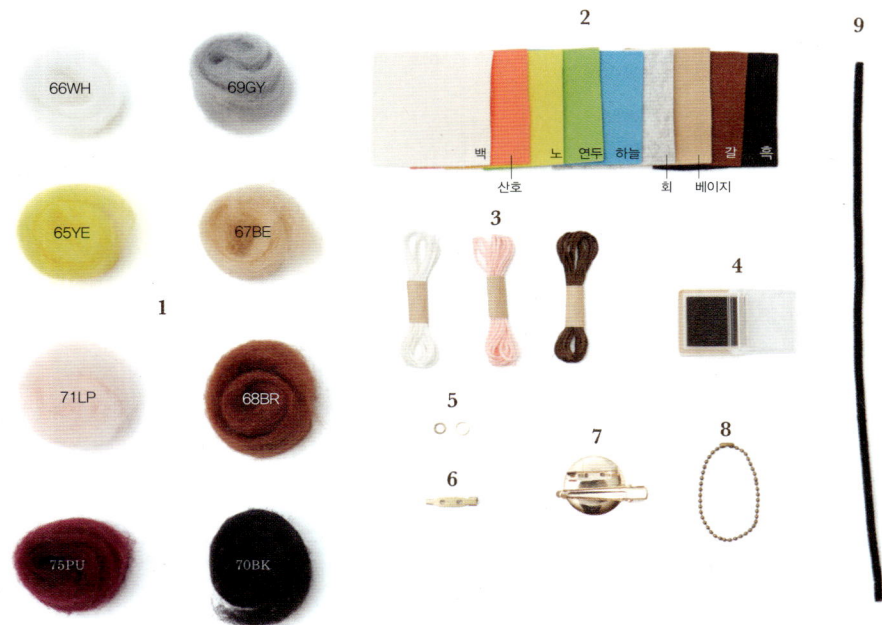

1 양모
니들 펠트용 바늘로 콕콕 찔러 뭉쳐서 동물의 귀나 코, 새의 부리 등을 만듭니다. 소량으로 아이라인이나 코에서 입으로 이어지는 라인을 만들 때도 사용합니다. 이 책에서는 후지큐 주식회사의 '플루필 Flufeel'을 사용했습니다.

2 펠트
작은 새의 부리나 꼬리, 미니 마스코트용 고슴도치와 양의 귀, 일자형 브로치 핀을 꿰매어 다는 토대 등으로 사용합니다.

3 자수실
크기가 작은 25mm짜리 폼폼을 묶을 때 연줄 대신 사용합니다. 폼폼과 비슷한 색을 선택하세요.

4 패브릭용 스탬프 잉크
여우나 늑대의 귀 끝을 착색할 때 사용합니다. 책에서는 검정색 잉크를 사용했습니다.

5 O링, 이중 O링
폼폼을 묶을 때 연줄을 이용하면 체인이나 고무줄을 끼울 수 있습니다. 지름 5~6cm짜리를 사용합니다.

6 일자형 브로치 핀
작은 동물을 브로치로 만들 때 펠트에 꿰매어 달아서 사용합니다.

7 원형 브로치 핀
집게가 달린 타입으로, 옷이나 가방, 모자, 머리에 꽂는 등 다양한 용도로 활용할 수 있습니다. 받침판의 크기가 30mm짜리인 브로치 핀을 사용합니다.

8 볼 체인
폼폼을 키홀더로 가공할 때 사용합니다. 체인과 마감캡(연결캡, 땅콩 장식이라고 부르기도 한다-옮긴이)을 세트로 사용합니다.

9 컬러 몰(털실 철사)
미니 마스코트용 양 다리를 만들 때 사용합니다. 한 줄의 길이가 약 27cm인 철사를 사용하세요.

눈과 코

이 책에서 얼굴 표정을 연출하는 부자재는 동물을 좀 더 실감나게 표현할 수 있도록 구분해서 사용했습니다.
부자재의 크기나 색상, 모양에 따라 표정이 달라지니 자신이 좋아하는 표정을 연출해도 좋아요.

나사형 눈(검정색)
3mm

캣츠 아이
7.5mm(후지큐)

개 코(검정색)
8mm／H220-908-1
(하마나카)

나사형 눈(검정색)
4mm

크리스털 아이(금색)
7.5mm／H220-107-8
(하마나카)

개 코(검정색)
10mm／H220-910-1
(하마나카)

나사형 눈(검정색)
6mm

크리스털 아이(금색)
9mm／H220-109-8
(하마나카)

나사형 코(검정색)
6mm(하마나카)

나사형 눈(검정색)
8mm

크리스털 아이(갈색)
7.5mm／H220-107-2
(하마나카)

플라스틱 아이(갈색)
4.5mm(후지큐)

플라스틱 아이
매트 컬러(노란색)
9mm／H430-309-9
(하마나카)

플라스틱 아이(갈색)
6mm(후지큐)

플라스틱 아이
매트 컬러(녹색)
9mm／H430-310-9
(하마나카)

플라스틱 아이(갈색)
9mm(후지큐)

만들기 페이지를 보는 방법

73쪽 이후에 실린 '실감기 도안'과 87쪽 이후의 만들기 페이지를 보는 방법에 관한 설명입니다.

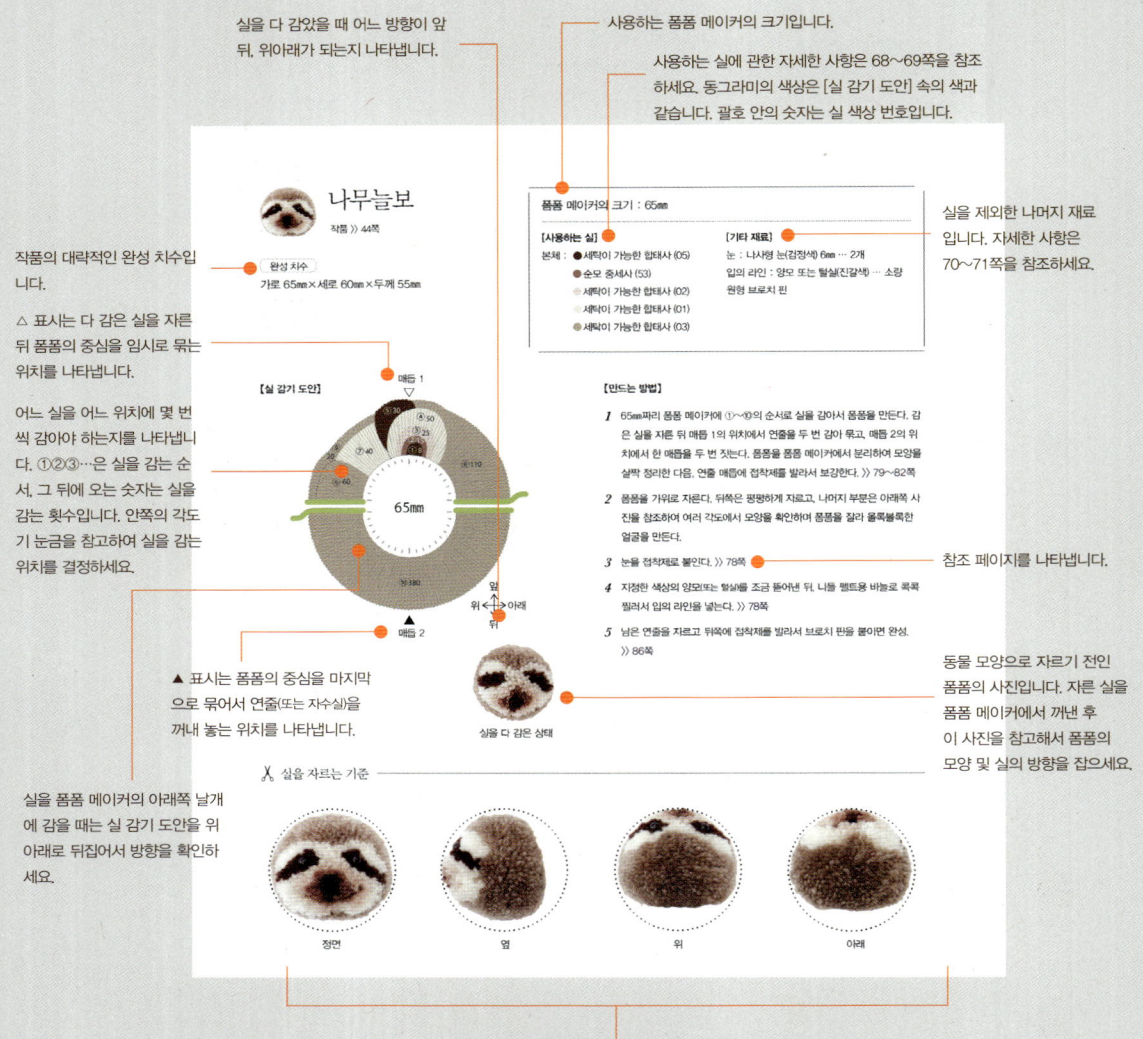

기본 만들기 ❶

곰
작품 >> 48쪽

[완성 치수]
가로 70mm×세로 70mm×두께 55mm
(브로치 핀 제외)

폼폼 메이커의 크기 : 65mm	
[사용하는 실]	**[기타 재료]**
본체: ● 순모 중세사(53)	눈: 나사형 눈(검정색) 6mm … 2개
귀: ● 순모 중세사(53)	코: 양모 '플루필'(70BK) … 소량
	코~입 라인: 양모 또는 털실(검정색) … 소량
	원형 브로치 핀

【실 감기 도안】

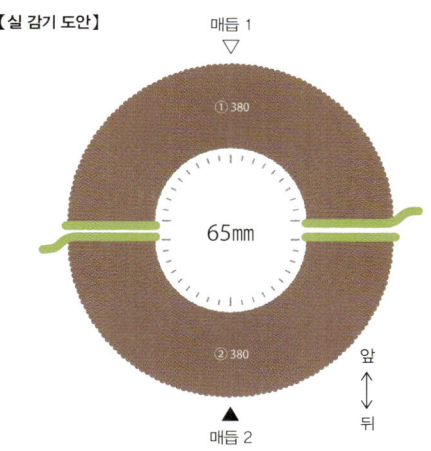

매듭 1 ▽
① 380
65mm
② 380
매듭 2 ▲
앞 ↕ 뒤

실을 감기 시작한다

1

폼폼 메이커의 날개를 펴서 잡고 실 끝을 엄지손가락으로 누른 상태에서 실을 감기 시작합니다.

2

실을 *1*의 실 끝에 겹쳐서 감습니다. 사진은 두 번 감은 상태.

3

실 끝을 누른 엄지손가락을 뗀 뒤, 감기 시작한 실을 오른쪽 끝으로 밀어주세요. 위쪽 날개에 실을 380회 감습니다.

4
오른쪽 끝에서 왼쪽 끝까지 실을 다 감으면 두께가 일정해지도록 다시 왼쪽에서 오른쪽으로 여러 번 왕복해서 실을 감습니다.

같은 색상의 실은 두 줄씩 감는다

같은 색상의 실을 많이 감아야 할 때는 실을 두 줄씩 감아도 됩니다. 두 줄씩 감을 경우에는 실을 감는 횟수를 절반으로 줄입니다. 털실 한 타래를 사용할 경우에도 바깥쪽과 안쪽에서 실 끝을 각각 뽑으면 두 줄을 맞출 수 있습니다.

실을 다 감은 경우

위쪽 날개에 실을 다 감은 상태입니다. 실을 잘라서 폼폼 메이커의 날개를 닫은 뒤, 폼폼 메이커를 바꿔 잡아서 아래쪽 날개에도 같은 방법으로 실을 감습니다. 아래쪽 날개에도 실을 다 감은 상태입니다.(오른쪽)

감은 실의 주위를 잘라서 연줄로 묶는다

1

날개와 날개 사이에 가윗날을 넣어서 실을 자릅니다. 두께가 있어서 자르기 어려운 경우에는 가윗날의 끝을 사용해서 조금씩 자르세요.

2

감은 실을 한 바퀴 빙 돌려서 자릅니다. 사진은 실을 다 자른 상태.

3

실을 잘라서 생긴 틈새에 연줄을 걸친 뒤, 정면 쪽 매듭 1의 위치에서 연줄을 두 번 감아 꽉 잡아당겨 묶습니다.

4

반대쪽에도 연줄을 걸친 뒤, 매듭 2의 위치에서 꽉 잡아당겨 한 매듭을 짓습니다. 같은 위치에서 다시 한 번 한 매듭을 묶어주세요.

폼폼을 꺼내서 모양을 잡는다

1

폼폼 메이커의 날개를 다 펴서 폼폼을 꺼냅니다.

2

양손바닥 사이에서 굴리면 공 모양이 됩니다.

3

튀어나온 여분의 실을 잘라서 모양을 살짝 정리합니다.

4

이쑤시개를 이용해서 연줄 매듭에 접착제를 발라 고정합니다.

5

브로치 핀을 붙일 수 있도록 뒤쪽을 평평하게 자릅니다. 브로치 핀을 달지 않을 경우에는 실을 자르지 않고 둥근 모양 그대로 사용해도 무방합니다.

6

폼폼 베이스 완성.

폼폼의 전체를 자른다

완성 사진을 참고하여 얼굴의 올록볼록 요철 부분을 대충 잘라주세요.

 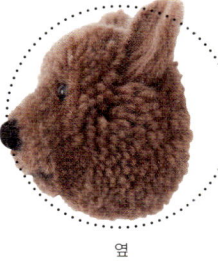  

정면   옆   위   아래

각 작품의 만드는 방법 페이지에 정면, 옆, 위, 아래에서 본 사진이 실려 있습니다. 점선은 폼폼을 자르기 전의 윤곽을 나타냅니다.
점선보다 안쪽으로 더 들어간 부분을 잘라서 모양을 잡으세요.

폼폼을 자를 때 위아래를 잘 구분할 수 있도록 머리 쪽 한 군데를 정해서 시침핀을 꽂아 표시해놓습니다.

위의 사진을 참고하며 올록볼록하게 만들고 싶은 부분을 자릅니다.

대충 다 자른 상태.

코 주위를 니들 펠트용 바늘로 찌른다 ~ 모양 완성하기

1

코 주위의 튀어나온 부분, 즉 머즐(muzzle, 코와 주둥이 부분-옮긴이)은 니들 펠트용 바늘로 주위를 콕콕 찔러 실을 엉키게 해서 단단히 뭉쳐줍니다.

2

여러 각도에서 모양을 확인하며 가위로 잘라 정리해서 모양을 완성합니다.

3

본체 자르기가 끝난 상태.

코를 만든다 (양모 펠트의 경우)

1

검정색 양모를 이용해서 코를 만듭니다. 원하는 크기만큼 양모를 뜯어주세요.

2

양모를 끝에서부터 촘촘히 만 다음 니들 펠트용 바늘로 찌릅니다.

3

여러 방향에서 바늘로 콕콕 찔러 동그란 모양으로 만듭니다. 이때 솜털이 튀어나온 양모의 가장자리는 그대로 둡니다.

4

솜털이 튀어나온 부분을 니들 펠트용 바늘로 콕콕 찔러서 본체에 고정합니다.

5

코가 붙은 상태.

귀를 만든다 (털실의 경우)

1

털실로 귀를 만듭니다. 귀에 사용할 털실은 약 8cm 길이의 24가닥을 준비합니다. 사진과 같이 집게손가락과 가운뎃손가락을 펼친 상태로 필요한 가닥수만큼 실을 감아서 자르면 간단합니다.

2

털실을 2가닥씩 잡고 털실 중심을 니들 펠트용 바늘로 콕콕 찔러서 본체에 고정합니다. 폼폼의 중심에 있는 연줄에 바늘이 닿으면 부러질 수 있으므로 주의하세요.

3

털실 2가닥을 니들 펠트용 바늘로 콕콕 찔러서 본체에 고정한 다음, 바늘을 옆쪽에서 찔러 털실끼리 연결합니다.

4

2와 3을 반복해서 다른 털실 2가닥을 찔러 고정한 뒤 바늘을 옆쪽에서 찔러 털실끼리 연결합니다.

5

이 과정을 반복해서 한쪽 귀에 털실 12가닥을 찔러 고정합니다.

6

다른 한쪽 귀도 같은 방법으로 만듭니다. 사진은 털실을 다 찔러 고정한 상태.

7

찔러서 고정한 털실의 끝을 가위로 잘라서 귀 모양을 잡습니다.

8

바늘을 옆쪽에서 찔러서 모양을 정리합니다. 마지막으로 본체에 단단히 붙도록 바늘로 콕콕 찔러주세요.

눈을 붙인다

1

나사형 눈에 수예용 접착제를 바릅니다.

2

자신이 원하는 위치에 눈을 붙입니다.

3

눈을 붙인 상태.

> **부자재는 전부 똑같은 방법으로 붙인다**
>
> 코 단추를 사용할 경우에도 똑같은 방법으로 붙입니다.
> (예 : 포메라니안)

코에서 입으로 이어지는 라인을 넣는다

1

검정색 양털 또는 털실을 조금 뜯어낸 뒤, 니들 펠트용 바늘로 콕콕 찔러 코에서 입으로 이어지는 라인을 넣습니다.

2

남은 실은 잘라냅니다.

> **털실을 사용해도 OK**
>
> 털실을 사용할 경우에는 사진처럼 실 한 줄을 2~3가닥으로 풀어서 사용합니다.

곰 완성!

뒤쪽의 연줄을 짧게 자른 뒤 브로치 핀을 붙이면 완성.
브로치 핀을 붙이는 방법 》》 86쪽

기본 만들기 ❷

토끼
(베이지)

작품 》 19쪽

[완성 치수]
가로 65mm×세로 100mm×두께 55mm
(브로치 핀 제외)

폼폼 메이커의 크기 : 65mm

[사용하는 실]
본체 : ● 마마 암 (54)
　　　 ○ NEW 세탁이 가능한
　　　　 메리노 병태사 (01)

[기타 재료]
눈 : 플라스틱 아이(갈색) 9mm … 2개
코 : 양모 '플루필'(67BE)(71LP) … 소량
코~입, 아이라인 : 양모 또는 털실(진갈색) … 소량
원형 브로치 핀

【실 감기 도안】

【귀 패턴】

귀 × 2장

2종류 이상의 실을 사용해서 감는다

①의 부분

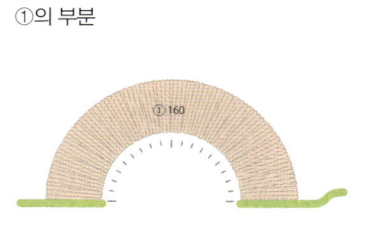

1

폼폼 메이커의 위쪽 날개 전체에 베이지색 실을 160회 감습니다. 최대한 두께가 일정해지도록 실을 빽빽하게 감으세요.

2

160회를 다 감은 상태.

79

다 감은 실 끝을 임시로 고정한다

감는 도중에 끊어지거나 실을 바꿔야 할 경우, 감은 실 끝이 풀리지 않도록 임시로 고정합니다.

1

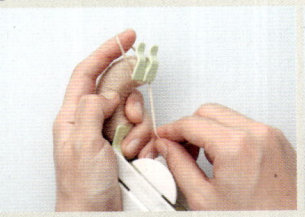

2

폼폼 메이커를 잡은 손의 집게손가락에 다 감은 실 끝을 걸어서 터널을 만든 다음, 실 끝을 통과시켜서 꽉 잡아당깁니다.

꽉 잡아당긴 상태. 남은 실은 잘라주세요.

②의 부분

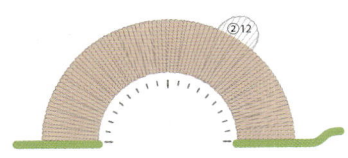

3

도안의 위치에 흰색 실을 12회 감습니다. 실 감기 도안에 각도를 표시한 눈금이 그려져 있으므로 각도기를 대어보고 실을 감을 위치를 정합니다.

③의 부분

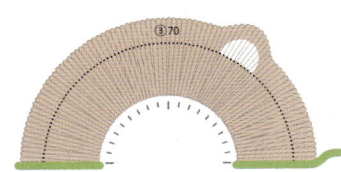

4

폼폼 메이커의 날개 전체에 베이지색 실을 70회 감습니다. 사진은 위쪽 날개에 실을 다 감은 모습.

④의 부분

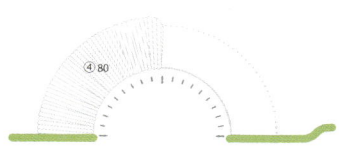

5

아래쪽 날개를 잡아서 도안의 위치에 흰색 실을 80회 감습니다.

⑤의 부분

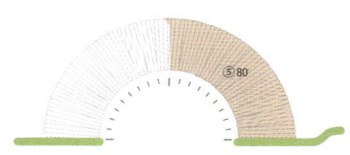

6

도안의 위치에 베이지색 실을 80회 감습니다.

⑥의 부분

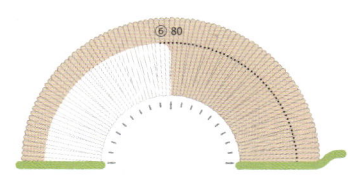

7

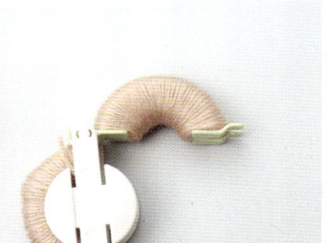

폼폼 메이커의 날개 전체에 베이지색 실을 80회 감습니다. 사진은 아래쪽 날개에도 실을 다 감은 모습.

감은 실의 주위를 잘라서 연줄로 묶는다 ~ 폼폼을 꺼내서 모양을 잡는다

1

날개와 날개 사이에 가윗날을 넣어서 실을 자릅니다. 두께가 있어서 자르기 어려운 경우에는 가윗날의 끝을 사용해서 조금씩 자르세요.

2

실을 잘라서 생긴 틈새에 연줄을 걸친 뒤, 정면 쪽 매듭 1의 위치에서 연줄을 두 번 감아 꽉 잡아당겨 묶습니다.

3

반대쪽에도 연줄을 걸친 뒤, 매듭 2의 위치에서 꽉 잡아당겨 한 매듭을 짓습니다. 같은 위치에서 다시 한 번 한 매듭을 묶어주세요.

4

폼폼 메이커의 날개를 다 펴서 폼폼을 꺼냅니다.

5

양손바닥 사이에서 굴리면 공 모양이 됩니다.

6

튀어나온 여분의 실을 잘라서 모양을 살짝 정리합니다. 연줄 매듭에는 이쑤시개를 이용해서 접착제를 발라 고정합니다. 브로치 핀을 붙일 수 있도록 뒤쪽을 평평하게 자릅니다.

정면

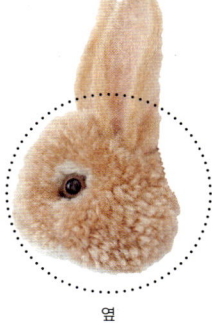
옆

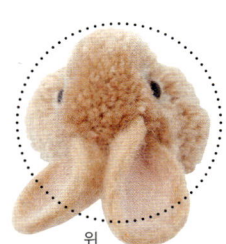
위

아래

각 작품의 만드는 방법 페이지에 정면, 옆, 위, 아래에서 본 사진이 실려 있습니다. 점선은 폼폼을 자르기 전의 윤곽을 나타냅니다. 점선보다 안쪽으로 더 들어간 부분을 잘라서 모양을 잡으세요.

전체~세부를 잘라서 모양을 완성한다

1

정면의 앞쪽에서 뒤쪽으로 볼의 윗부분을 자릅니다.

2

토끼의 볼 모양을 잡습니다.

3

한쪽 볼이 완성된 모습.

4

가윗날 끝을 이용해서 털실의 방향을 정리하며 자릅니다.

5

양볼의 모양이 완성된 모습.

6
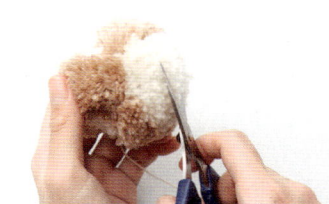
턱 부분을 자릅니다.

7

입에서부터 턱에 걸친 모양이 완성되었습니다.

8

코의 옆쪽을 자릅니다.

9

본체 자르기가 끝난 상태.

귀를 만든다 (양모 펠트의 경우)

1
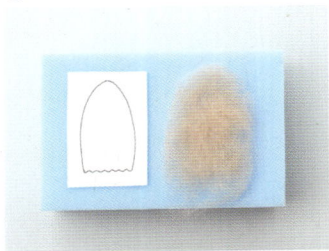
양모 펠트를 이용해서 귀를 만듭니다. 베이지색 양모를 적당히 뜯어서 펀칭 매트 위에 패턴보다 한층 더 크게 펼쳐놓습니다.

2
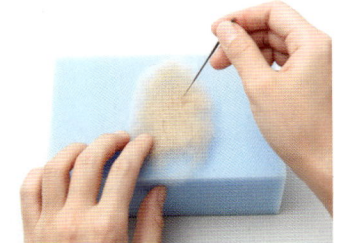
니들 펠트용 바늘로 표면을 골고루 찌릅니다. 몇 번씩 뒤집어가며 표면과 뒷면을 반복해서 찔러주세요.

3
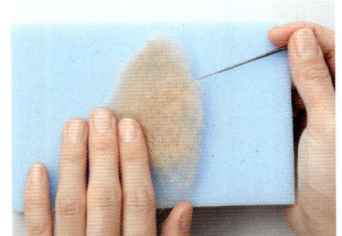
시트의 귀 모양이 갖춰지면 주위(측면)도 바늘로 찌릅니다. 양모를 잡고 있는 손가락을 바늘로 찌르지 않도록 조심하세요.

4

측면을 바늘로 찌르면 크기가 한층 작아집니다. 패턴 정도의 크기 및 모양이 되도록 정리합니다. 솜털이 튀어나온 귀 연결 부분의 양모는 그대로 둡니다.

5

연분홍색 양모를 조금 뜯어 앞에서 만든 귀의 위쪽에 얇게 펼친 다음, 바늘로 골고루 찔러서 희미하게 색을 넣습니다.

6
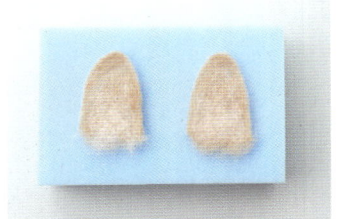
반대쪽 귀도 같은 방법으로 만듭니다.

스탬프 잉크로 착색한다

귀의 일부분만 착색할 경우, 패브릭용 스탬프 잉크를 톡톡 두들겨서 착색합니다. 잉크 색상이 물들면 티슈나 천 사이에 끼운 뒤 중간 온도에 맞춰 놓은 다리미로 다려서 색을 착색시킵니다.(예: 여우)

7

귀 연결 부분의 솜털이 튀어나온 양모를 니들 펠트용 바늘로 콕콕 찔러서 본체에 고정합니다. 표면과 뒷면에서 바늘로 찔러 귀의 방향 및 각도를 잡습니다.

8

귀가 달린 모습.

눈을 붙인다

1

눈을 접착제로 붙입니다. 나사 부분이 긴 경우에는 니퍼를 이용해서 조금 자른 후에 접착합니다.

2

원하는 위치에 눈을 붙이세요.

3

눈을 붙인 상태.

아이라인을 넣는다

1

진갈색 양모(또는 털실)를 조금 뜯어낸 뒤, 니들 펠트용 바늘로 콕콕 찔러서 눈 주위에 아이라인을 넣습니다.

2

아이라인을 놓은 모습.

털실을 사용해도 OK

털실을 사용할 경우에는 사진처럼 실 한 줄을 2~3가닥으로 풀어서 사용합니다.

코에서 입으로 이어지는 라인을 넣는다

1

2

3

토끼 완성!

뒤쪽의 연줄을 짧게 자른 뒤 브로치 핀을 붙이면 완성.
브로치 핀을 붙이는 방법 》 86쪽

아이라인과 마찬가지로 코에서 입으로 이어지는 라인을 니들 펠트용 바늘로 콕콕 찔러주세요.

기본적인 연결 방법

품폼끼리 연결할 경우에는 각각의 품폼에서 나온 연줄이나 자수실을 이용합니다.

머리와 몸통을 연결한다

1

각각의 품폼에서 나온 연줄(또는 자수실)끼리 두 번 감아서 사진과 같은 매듭을 만듭니다.

2

꽉 잡아당겨서 묶습니다.

3

연줄(또는 자수실)을 목 뒤쪽으로 돌린 다음, 연결 부분에서 한 매듭을 두 번 짓습니다.

브로치 핀을 다는 방법

이 책에서는 동물 크기에 따라 2종류의 브로치 핀을 구분해서 사용합니다.

원형 브로치 핀

이 책에서는 주로 원형 받침판이 달린 핀을 사용합니다. 금속과 털실을 붙일 수 있는 다용도 타입의 접착제를 사용합니다.

1

브로치 핀의 원형 받침판 부분에 접착제를 바릅니다.

2

본체 뒤쪽의 평평하게 자른 면에 브로치 핀을 붙여서 떨어지지 않도록 꽉 누릅니다.

일자형 브로치 핀

햄스터와 같은 작은 동물을 브로치로 만들 경우에는 본체의 색상에 맞춘 펠트에 일자형 브로치 핀을 꿰매 달아서 사용합니다.

1

펠트를 지름 2.5cm의 원형으로 자른 뒤 바늘과 실을 이용해서 일자형 브로치 핀을 꿰매답니다. 원형 펠트의 중심보다 조금 위쪽에 꿰매어대세요.

2

원형 펠트의 뒷면에 접착제를 발라서 본체에 붙인 뒤 떨어지지 않도록 꽉 누릅니다.

만드는 방법

토끼
(그레이)

작품 》》 18쪽

완성 치수
가로 65mm×세로 100mm×두께 55mm

폼폼 메이커의 크기 : 65mm	
[사용하는 실]	[기타 재료]
본체 : ○ NEW 세탁이 가능한 메리노 병태사 (01) ● 컬러 멜란지 (10)	눈 : 플라스틱 아이(갈색) 9mm … 2개 귀 : 양모 '플루필' (69GY) (71LP) … 소량 코~입, 아이라인 : 양모 또는 털실(진갈색) … 소량 원형 브로치 핀

【실 감기 도안】

⊲ 매듭 1
매듭 2 ▶
65mm
① 50 · ③ 24
② 40
④ 60
⑤ 70
⑥ 80
⑦ 80
⑧ 80

위 / 앞 / 뒤 / 아래

【만드는 방법】

1. 65mm짜리 폼폼 메이커에 ①~⑧의 순서로 실을 감아서 폼폼을 만든다. 감은 실을 자른 뒤 매듭 1의 위치에서 연줄을 두 번 감아 묶고, 매듭 2의 위치에서 한 매듭을 두 번 짓는다. 폼폼을 폼폼 메이커에서 분리하여 모양을 살짝 정리한 다음, 연줄 매듭에 접착제를 발라서 보강한다. 》》 79~82쪽

2. 폼폼을 가로로 자른다. 아래쪽 사진과 82쪽의 토끼(베이지) 사진을 참조해서 뒤쪽은 평평하게 자르고, 나머지 부분은 사진을 참조하여 여러 각도에서 모양을 확인하며 폼폼을 잘라 올록볼록한 얼굴을 만든다. 》》 82~83쪽

3. 회색과 연분홍색 양모를 이용하여 귀를 만든 다음, 니들 펠트용 바늘로 콕콕 찔러서 본체에 고정한다. 》》 84쪽 》》 패턴 126쪽

4. 눈을 접착제로 붙인다. 》》 85쪽

5. 지정한 색상의 양모(또는 털실)를 조금 뜯어낸 뒤, 니들 펠트용 바늘로 콕콕 찔러 아이라인과 코에서 입으로 이어지는 라인을 넣는다. 》》 85쪽

6. 남은 연줄을 자르고 뒤쪽에 접착제를 발라서 브로치 핀을 붙이면 완성. 》》 86쪽

✂ 실을 자르는 기준

실을 다 감은 상태

정면 ※ 옆, 위, 아래는 82쪽 참조

얼룩 다람쥐

작품 》 16쪽

(완성 치수)
가로 65mm×세로 65mm×두께 55mm

폼폼 메이커의 크기 : 65mm

[사용하는 실]
본체 : ● 알파카 메리노 (23)
　　　● 순모 중세사 (53)
　　　● 세탁이 가능한 메리노 병태사 (01)
　　　○ NEW 세탁이 가능한 메리노 병태사 (01)
귀 : ● 알파카 메리노 (23)

[기타 재료]
눈 : 나사형 눈(검정색) 8mm … 2개
아이라인 : 양모 또는 털실(진갈색) …
소량
원형 브로치 핀

【실 감기 도안】

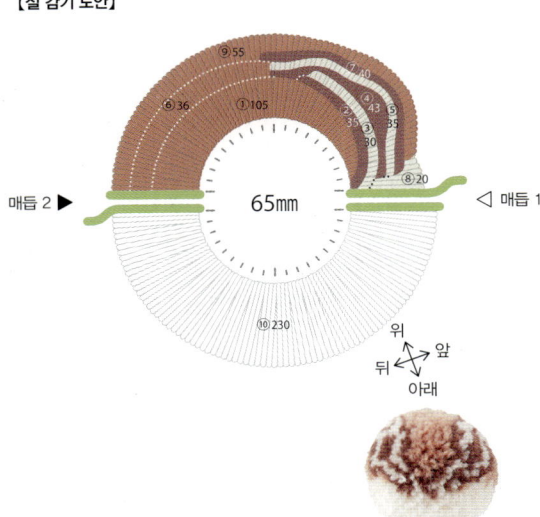

실을 다 감은 상태

【만드는 방법】

1　65mm짜리 폼폼 메이커에 ①~⑩의 순서로 실을 감아서 폼폼을 만든다. 감은 실을 자른 뒤 매듭 1의 위치에서 연줄을 두 번 감아 묶고, 매듭 2의 위치에서 한 매듭을 두 번 짓는다. 폼폼을 폼폼 메이커에서 분리하여 모양을 살짝 정리한 다음, 연줄 매듭에 접착제를 발라서 보강한다. 》 79~82쪽

2　폼폼을 가위로 자른다. 뒤쪽은 평평하게 자르고, 나머지 부분은 아래쪽 사진을 참조하여 여러 각도에서 모양을 확인하며 폼폼을 잘라 올록볼록한 얼굴을 만든다.

3　귀에 사용할 털실은 약 8cm 길이 12가닥(6가닥씩 2세트)을 준비해서 니들 펠트용 바늘로 콕콕 찔러 고정한 다음 귀를 만든다. 》 77~78쪽

4　눈을 접착제로 붙인다. 》 85쪽

5　지정한 색상의 양모(또는 털실)를 조금 뜯어낸 뒤, 니들 펠트용 바늘로 콕콕 찔러서 아이라인을 넣는다. 》 85쪽

6　남은 연줄을 자르고 뒤쪽에 접착제를 발라서 브로치 핀을 붙이면 완성. 》 86쪽

✂ 실을 자르는 기준

정면

옆

위

아래

붉은 미국 다람쥐

작품 >> 17쪽

완성 치수
가로 65mm×세로 65mm×두께 55mm

[사용하는 실]
본체 : ● 세탁이 가능한 합태사 (05)
　　　○ NEW 세탁이 가능한 메리노 병태사 (01)
　　　● 세탁이 가능한 합태사 (03)
귀 : ● 세탁이 가능한 합태사 (03)

폼폼 메이커의 크기 : 65mm

[기타 재료]
눈 : 나사형 눈(검정색) 8mm … 2개
아이라인 : 양모 또는 털실(진갈색) … 소량
원형 브로치 핀

【실 감기 도안】

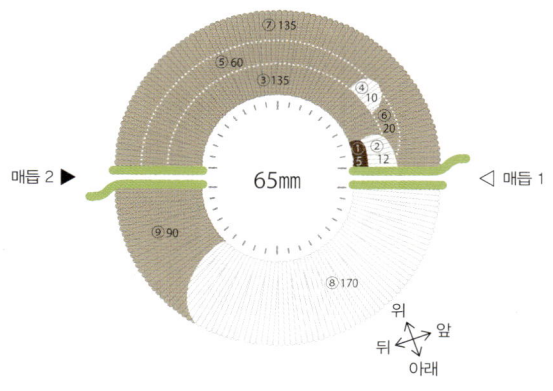

실을 다 감은 상태

【만드는 방법】

1. 65mm짜리 폼폼 메이커에 ①~⑨의 순서로 실을 감아서 폼폼을 만든다. 감은 실을 자른 뒤 매듭 1의 위치에서 연줄을 두 번 감아 묶고, 매듭 2의 위치에서 한 매듭을 두 번 짓는다. 폼폼을 폼폼 메이커에서 분리하여 모양을 살짝 정리한 다음, 연줄 매듭에 접착제를 발라서 보강한다. >> 79~82쪽

2. 폼폼을 가로로 자른다. 뒤쪽은 평평하게 자르고, 나머지 부분은 아래쪽 사진과 88쪽 얼룩 다람쥐의 실을 자르는 기준을 참조하여 여러 각도에서 모양을 확인하며 폼폼을 잘라 올록볼록한 얼굴을 만든다.

3. 귀에 사용할 털실은 약 8cm 길이 16가닥(8가닥씩 2세트)을 준비해서 니들 펠트용 바늘로 콕콕 찔러 본체에 고정한 다음 귀를 만든다. >> 77~78쪽

4. 눈을 접착제로 붙인다. >> 85쪽

5. 지정한 색상의 양모(또는 털실)를 조금 뜯어낸 뒤, 니들 펠트용 바늘로 콕콕 찔러서 아이라인을 넣는다. >> 85쪽

6. 남은 연줄을 자르고 뒤쪽에 접착제를 발라서 브로치 핀을 붙이면 완성. >> 86쪽

✂ 실을 자르는 기준

정면　　　※ 옆, 위, 아래는 88쪽 참조

고슴도치

작품 》 20쪽

[완성 치수]
가로 68mm×세로 60mm×두께 55mm

폼폼 메이커의 크기 : 65mm

[사용하는 실]
본체 : ● 알파카 메리노 (27)
　　　○ NEW 세탁이 가능한 메리노 병태사 (01)
　　　● 마마 암 (71)
　　　● 순모 중세사 (53)

[기타 재료]
눈 : 나사형 눈(검정색) 6mm … 2개
귀 : 양모 '플루필' (69GY)
코 : 개 코(검정색) 8mm … 1개
원형 브로치 핀

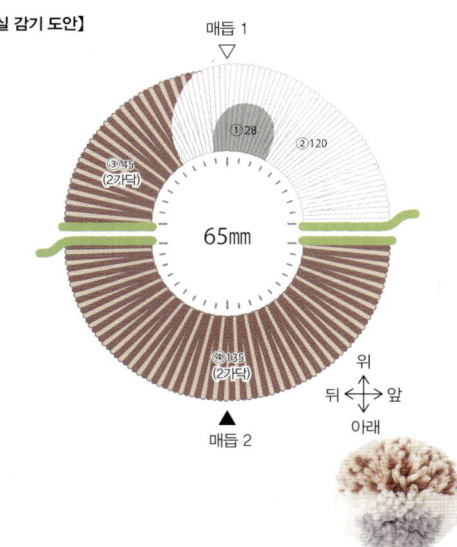

【실 감기 도안】

매듭 1 ▽
① 28
② 120
③ 15 (2가닥)
65mm
④ 135 (2가닥)
매듭 2 ▲
위 / 뒤 앞 / 아래

실을 다 감은 상태

【만드는 방법】

1. 65mm짜리 폼폼 메이커에 ①~④의 순서로 실을 감아서 폼폼을 만든다. ③과 ④는 ● 마마 암 (71)과 ● 순모 중세사 (53)을 2가닥씩 감는다. 감은 실을 자른 뒤 매듭 1의 위치에서 연줄을 두 번 감아 묶고, 매듭 2의 위치에서 한 매듭을 두 번 짓는다. 폼폼을 폼폼 메이커에서 분리하여 모양을 살짝 정리한 다음, 연줄 매듭에 접착제를 발라서 보강한다. 》 79~82쪽

2. 폼폼을 가로로 자른다. 뒤쪽은 평평하게 자르고, 나머지 부분은 아래쪽 사진을 참조하여 여러 각도에서 모양을 확인하며 폼폼을 잘라 올록볼록한 얼굴을 만든다.

3. 지정한 색상의 양모를 이용하여 귀를 만든 다음, 니들 펠트용 바늘로 콕콕 찔러서 본체에 고정한다. 》 84쪽 》 패턴 126쪽

4. 코 주위는 니들 펠트용 바늘로 측면을 콕콕 찔러 실을 엉기게 해서 단단히 뭉쳐준다. 》 76쪽

5. 눈과 코를 접착제로 붙인다. 코의 방향은 위아래를 거꾸로 뒤집어서 사용한다. 》 78쪽

6. 남은 연줄을 자르고 뒤쪽에 접착제를 발라서 브로치 핀을 붙이면 완성. 》 86쪽

✂ 실을 자르는 기준

정면

옆

위

아래

너구리 판다

작품 》》 22쪽

[완성 치수]
가로 68mm×세로 68mm×두께 55mm

품품 메이커의 크기 : 65mm

[사용하는 실]
본체 : ○ NEW 세탁이 가능한 메리노 병태사 (01)
　　　● 알파카 메리노 (23)
　　　● 세탁이 가능한 합태사 (05)
귀 : ○ 컬러 멜란지 (01)

[기타 재료]
눈 : 나사형 눈(검정색) 6mm … 2개
코~입 라인 : 양모 또는 털실(검정색) … 소량
코 : 개 코(검정색) 8mm … 1개
원형 브로치 핀

【실 감기 도안】

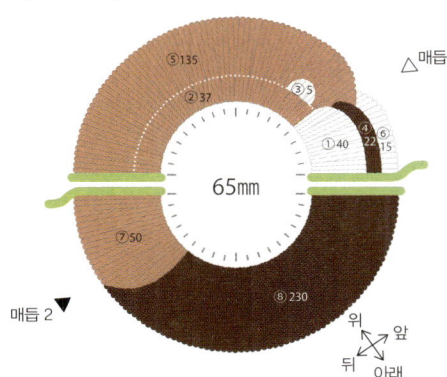

△ 매듭 1
▼ 매듭 2
위 앞 뒤 아래

실을 다 감은 상태

【만드는 방법】

1 65mm짜리 품품 메이커에 ①~⑧의 순서로 실을 감아서 품품을 만든다. 감은 실을 자른 뒤 매듭 1의 위치에서 연줄을 두 번 감아 묶고, 매듭 2의 위치에서 한 매듭을 두 번 짓는다. 품품을 품품 메이커에서 분리하여 모양을 살짝 정리한 다음, 연줄 매듭에 접착제를 발라서 보강한다. 》》 79~82쪽

2 품품을 가위로 자른다. 뒤쪽은 평평하게 자르고, 나머지 부분은 아래쪽 사진을 참조하여 여러 각도에서 모양을 확인하며 품품을 잘라 올록볼록한 얼굴을 만든다.

3 ● 컬러 멜란지 (01)을 약 10cm 길이 20가닥(10가닥씩 2세트)을 준비해서 니들 펠트용 바늘로 콕콕 찔러 본체에 고정한 다음 귀 모양으로 자른다. 》》 77~78쪽

　● 컬러 멜란지 (01)을 약 6cm 길이 6가닥(3가닥씩 2세트)을 준비한 뒤, 앞에서 만든 귀의 바깥쪽 가장자리에 찔러 고정하고 가로로 잘라서 귀털을 만든다. 》》 77~78쪽

4 코 주위는 니들 펠트용 바늘로 측면을 콕콕 찔러 실을 엉키게 해서 단단히 뭉쳐준다. 》》 76쪽

5 눈과 코를 접착제로 붙인다. 》》 78쪽

6 지정한 색상의 양모(또는 털실)를 조금 뜯어낸 뒤, 니들 펠트용 바늘로 콕콕 찔러 코에서 입으로 이어지는 라인을 넣는다. 》》 78쪽

7 남은 연줄을 자르고 뒤쪽에 접착제를 발라서 브로치 핀을 붙이면 완성. 》》 86쪽

✂ 실을 자르는 기준

정면

옆

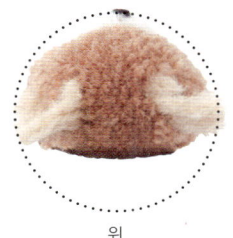
위

아래

포메라니안

작품 》 27쪽

완성 치수
가로 65mm×세로 70mm×두께 58mm

폼폼 메이커의 크기 : 65mm	
[사용하는 실]	**[기타 재료]**
본체: ● 마마 암 (54)	눈: 나사형 눈(검정색) 8mm … 2개
○ 컬러 멜란지 (01)	코: 개 코(검정색) 10mm … 1개
● 알파카 메리노 (24)	원형 브로치 핀
귀: ○ 컬러 멜란지 (01)	

【실 감기 도안】

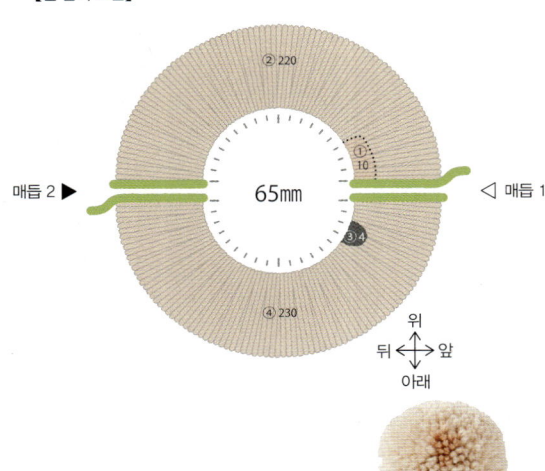

실을 다 감은 상태

【만드는 방법】

1. 65mm짜리 폼폼 메이커에 ①~④의 순서로 실을 감아서 폼폼을 만든다. 감은 실을 자른 뒤 매듭 1의 위치에서 연줄을 두 번 감아 묶고, 매듭 2의 위치에서 한 매듭을 두 번 짓는다. 폼폼을 폼폼 메이커에서 분리하여 모양을 살짝 정리한 다음, 연줄 매듭에 접착제를 발라서 보강한다. 》 79~82쪽

2. 폼폼을 가로로 자른다. 뒤쪽은 평평하게 자르고, 나머지 부분은 아래쪽 사진을 참조하여 여러 각도에서 모양을 확인하며 폼폼을 잘라 올록볼록한 얼굴을 만든다.

3. 코 주위는 니들 펠트용 바늘로 측면을 콕콕 찔러 실을 엉키게 해서 단단히 뭉쳐준다. 》 76쪽

4. ○ 컬러 멜란지 (01)을 약 10㎝ 길이 12가닥(6가닥씩 2세트)을 준비해서 니들 펠트용 바늘로 콕콕 찔러 본체에 고정한 다음 귀 모양으로 자른다. 》 77~78쪽

5. 눈과 코를 접착제로 붙인다. 》 78쪽

6. 남은 연줄을 자르고 뒤쪽에 접착제를 발라서 브로치 핀을 붙이면 완성. 》 86쪽

✂ 실을 자르는 기준

정면

옆

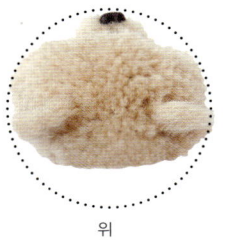
위

아래

이그조틱 쇼트헤어
작품 》 28쪽

[완성 치수]
가로 68mm×세로 70mm×두께 50mm

[사용하는 실]	
본체 :	● 실피드 모헤어 (33)
	○ NEW 서탁이 가능한 메리노 병태사 (01)
	● 알파카 메리노 (22)
귀 :	● 알파카 메리노 (22)

품폼 메이커의 크기 : 65mm

[기타 재료]
눈 : 크리스털 아이(금색) 9mm … 2개
코~입, 아이라인 : 양모 또는 털실(진갈색) … 소량
원형 브로치 핀

【실 감기 도안】

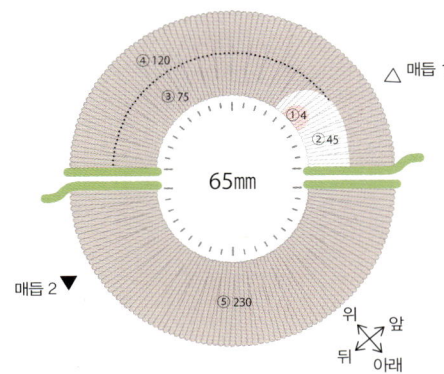

△ 매듭 1
④ 120
③ 75
④ 4
② 45
65mm
▼ 매듭 2
⑤ 230

위/앞/뒤/아래

실을 다 감은 상태

【만드는 방법】

1. 65mm짜리 품폼 메이커에 ①～⑤의 순서로 실을 감아서 품폼을 만든다. 감은 실을 자른 뒤 매듭 1의 위치에서 연줄을 두 번 감아 묶고, 매듭 2의 위치에서 한 매듭을 두 번 짓는다. 품폼을 품폼 메이커에서 분리하여 모양을 살짝 정리한 다음, 연줄 매듭에 접착제를 발라서 보강한다. 》 79~82쪽

2. 품폼을 가로로 자른다. 뒤쪽은 평평하게 자르고, 나머지 부분은 아래쪽 사진과 88쪽 얼룩 다람쥐의 실을 자르는 기준을 참조하여 여러 각도에서 모양을 확인하며 품폼을 잘라 올록볼록한 얼굴을 만든다.

3. ● 알파카 메리노 (22)를 약 10cm 길이 12가닥(6가닥씩 2세트)을 준비해서 니들 펠트용 바늘로 콕콕 찔러 본체에 고정한 다음 귀 모양으로 자른다. 》 77~78쪽

4. 눈을 접착제로 붙인다. 》 85쪽

5. 지정한 색상의 양모(또는 털실)를 조금 뜯어낸 뒤, 니들 펠트용 바늘로 콕콕 찔러 코에서 입으로 이어지는 라인을 넣는다. 아이라인도 살짝 넣는다. 》 85쪽

6. 남은 연줄을 자르고 뒤쪽에 접착제를 발라서 브로치 핀을 붙이면 완성. 》 86쪽

✂ 실을 자르는 기준

   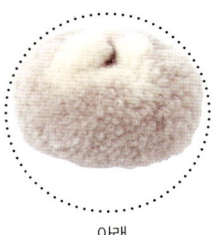

정면 　　　 옆 　　　 위 　　　 아래

햄스터(그레이, 화이트 베이지)

작품 >> 23쪽

완성 치수
가로 55mm × 세로 45mm × 두께 40mm

 그레이

폼폼 메이커의 크기 : 45mm

[사용하는 실]
본체 : ● 마마 암 (68)
　　　● 실피드 모헤어 (33)
　　　○ NEW 세탁이 가능한
　　　　메리노 병태사 (01)

[기타 재료]
눈 : 나사형 눈(검정색) 6mm … 2개
귀 : 양모 '플루필' (69GY) (71LP)
　　… 소량
토대 : 펠트(회색) … 3cm × 3cm
일자형 브로치 핀

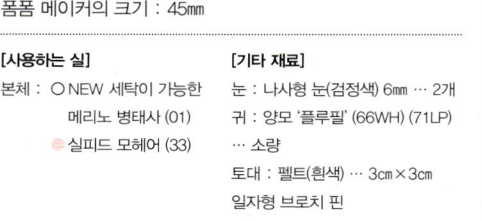 화이트

폼폼 메이커의 크기 : 45mm

[사용하는 실]
본체 : ○ NEW 세탁이 가능한
　　　　메리노 병태사 (01)
　　　● 실피드 모헤어 (33)

[기타 재료]
눈 : 나사형 눈(검정색) 6mm … 2개
귀 : 양모 '플루필' (66WH) (71LP)
　　… 소량
토대 : 펠트(흰색) … 3cm × 3cm
일자형 브로치 핀

【실 감기 도안】

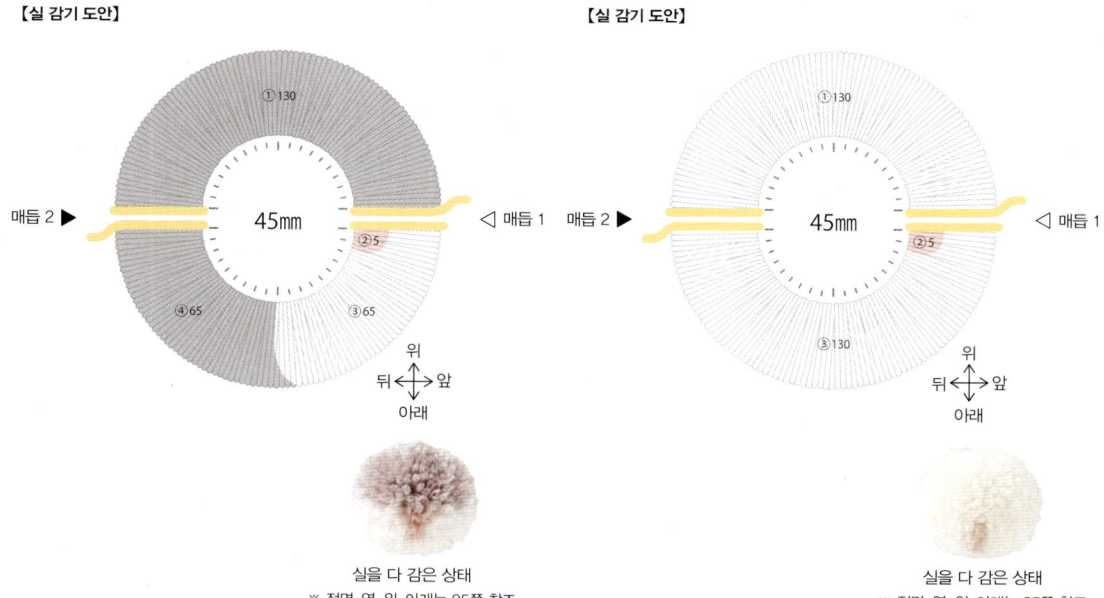

실을 다 감은 상태
※ 정면, 옆, 위, 아래는 95쪽 참조

베이지

품폼 메이커의 크기 : 45mm

[사용하는 실]
- 실피드 모헤어 (33)
- NEW 세탁이 가능한 메리노 병태사 (01)
- 마마 암 (71)

[기타 재료]
- 눈 : 나사형 눈(검정색) 6mm … 2개
- 귀 : 양모 '플루필' (67BE) (71LP) … 소량
- 토대 : 펠트(베이지색) … 3cm×3cm
- 일자형 브로치 핀

【만드는 방법】

1. 45mm짜리 폼폼 메이커에 그레이와 베이지는 ①~④, 화이트는 ①~③의 순서로 실을 감아서 폼폼을 만든다. 감은 실을 자른 뒤 매듭 1의 위치에서 연줄을 두 번 감아 묶고, 매듭 2의 위치에서 한 매듭을 두 번 짓는다. 폼폼을 폼폼 메이커에서 분리하여 모양을 살짝 정리한 다음, 연줄 매듭에 접착제를 발라서 보강한다. 》 79~82쪽

2. 폼폼을 가위로 자른다. 뒤쪽은 평평하게 자르고, 나머지 부분은 아래쪽 사진을 참조하여 여러 각도에서 모양을 확인하며 폼폼을 잘라 올록볼록한 얼굴을 만든다.

3. 지정한 색상의 양모를 이용하여 귀를 만든 다음, 니들 펠트용 바늘로 콕콕 찔러서 본체에 고정한다. 》 84쪽 》 패턴 126쪽

4. 눈을 접착제로 붙인다. 》 78쪽

5. 브로치 토대를 만든다. 지름 25mm의 원형으로 자른 펠트에 바늘과 실을 이용해서 일자형 브로치 핀을 꿰매어 단다. 》 86쪽

6. 남은 연줄을 자르고 5의 브로치 토대를 접착제로 붙이면 완성. 》 86쪽

【실 감기 도안】

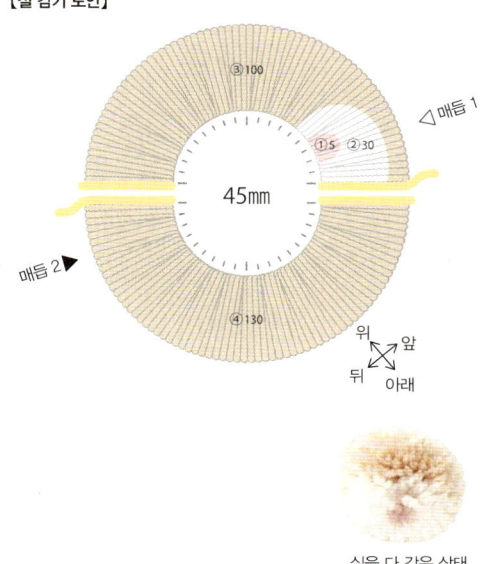

실을 다 감은 상태

실을 자르는 기준

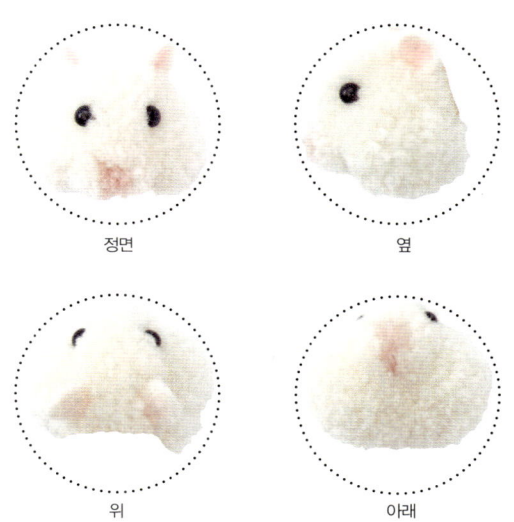

정면 / 옆 / 위 / 아래

토이푸들

작품 >> 26쪽

[완성 치수]
가로 85mm×세로 60mm×두께 55mm

| 폼폼 메이커의 크기 : 65mm, 45mm |

[사용하는 실]
본체 : ● 푸들 모헤어 (02)
귀 : ● 푸들 모헤어 (02)

[기타 재료]
눈 : 나사형 눈(검정색) 8mm … 2개
코~입 라인 : 양모 또는 털실(검정색) … 소량
코 : 개 코(검정색) 10mm … 1개
원형 브로치 핀

【실 감기 도안】

본체

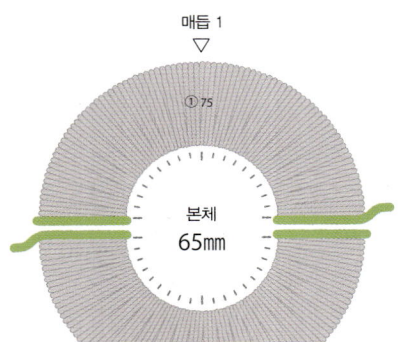

매듭 1 ▽
① 75
본체 65mm
② 75
매듭 2 ▲
앞 ↕ 뒤

귀

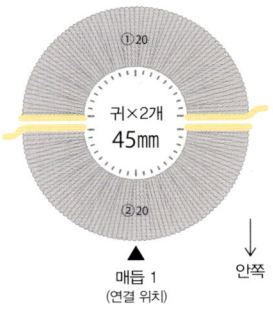

① 20
귀×2개 45mm
② 20
매듭 1 ▲ (연결 위치)
안쪽 ↓

실을 다 감은 상태

실을 자른 후
(아래쪽의 실을 니들 펠트용 바늘로
콕콕 찔러서 뭉쳐 놓은 상태)

실을 다 감은 상태

【만드는 방법】

1. 65mm짜리 폼폼 메이커에 ①~②의 순서로 실을 감아서 본체용 폼폼을 만든다. 감은 실을 자른 뒤 매듭 1의 위치에서 연줄을 두 번 감아 묶고, 매듭 2의 위치에서 한 매듭을 두 번 짓는다. 폼폼을 폼폼 메이커에서 분리하여 모양을 살짝 정리한 다음, 연줄 매듭에 접착제를 발라서 보강한다. 》73~75쪽

2. 45mm짜리 폼폼 메이커에 ①~②의 순서로 실을 감아서 귀용 폼폼을 만든다. 감은 실을 자른 뒤 매듭의 위치에서 연줄을 두 번 감아 묶고, 같은 위치에서 한 매듭을 한 번 짓는다. 폼폼을 폼폼 메이커에서 분리하여 모양을 살짝 정리한다. 이와 같은 방법으로 폼폼을 하나 더 만든다. 》73~75쪽

3. 본체용 폼폼을 가로로 자른다. 뒤쪽은 평평하게 자르고, 정면은 얼굴의 중심 부근을 가로 방향으로 깊숙이 잘라서 움푹 들어가게 한다. 위쪽과 아래쪽의 실은 대충 정리하고 자르지 않는다.

4. 아래쪽의 실은 코를 붙이는 위치의 방향으로 니들 펠트용 바늘을 이용하여 측면을 콕콕 찔러 실을 엉키게 해서 단단히 뭉쳐준다. 》76쪽

5. 한쪽 귀의 폼폼에서 나온 연줄을 돗바늘에 꿴 뒤(사진 a, b), 본체에 관통시켜 다른 한쪽 귀의 폼폼에서 나온 연줄과 묶어(사진 c) 양쪽 귀와 본체를 연결시킨다.(사진 d) 매듭에 접착제를 발라서 보강하고 남은 연줄은 잘라낸다.

6. 눈과 코를 접착제로 붙인다. 》78쪽

7. 지정한 색상의 양모(또는 털실)를 조금 뜯어낸 뒤, 니들 펠트용 바늘로 콕콕 찔러 코에서 입으로 이어지는 라인을 넣는다. 》78쪽

8. 남은 연줄을 자르고 뒤쪽에 접착제를 발라서 브로치 핀을 붙이면 완성. 》86쪽

a b

c d

✂ 실을 자르는 기준

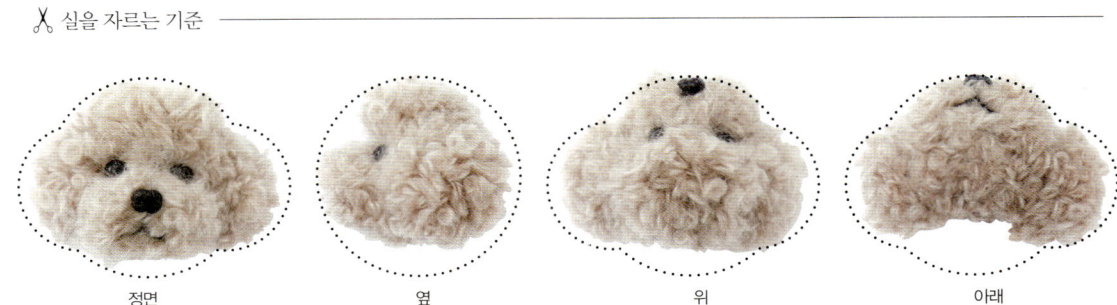

정면   옆   위   아래

턱시도 고양이

작품 》 29쪽

[완성 치수]
가로 68mm×세로 70mm×두께 55mm

폼폼 메이커의 크기 : 65mm

[사용하는 실]
본체: ● 실피드 모헤어 (33)
　　　○ NEW 세탁이 가능한 메리노 병태사 (01)
　　　● NEW 세탁이 가능한 메리노 병태사 (21)

[기타 재료]
눈 : 플라스틱 아이 매트 컬러(녹색) 9mm … 2개
귀 : 양모 '플루필' (70BK) (69GY) … 소량
코~입 라인 : 양모 또는 털실(진갈색) … 소량
원형 브로치 핀

[실 감기 도안]

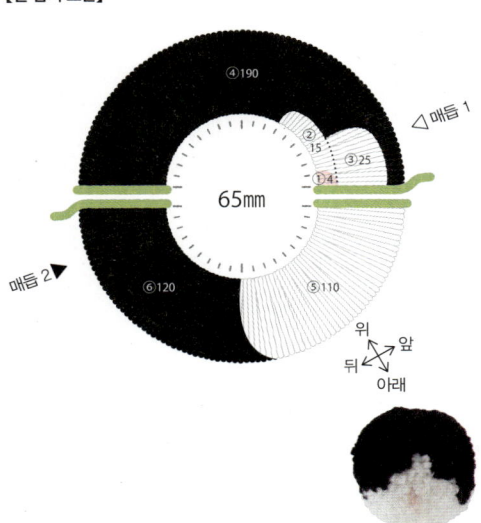

실을 다 감은 상태

[만드는 방법]

1. 65mm짜리 폼폼 메이커에 ①~⑥의 순서로 실을 감아서 폼폼을 만든다. 감은 실을 자른 뒤 매듭 1의 위치에서 연줄을 두 번 감아 묶고, 매듭 2의 위치에서 한 매듭을 두 번 짓는다. 폼폼을 폼폼 메이커에서 분리하여 모양을 살짝 정리한 다음, 연줄 매듭에 접착제를 발라서 보강한다. 》 79~82쪽

2. 폼폼을 가위로 자른다. 뒤쪽은 평평하게 자르고, 나머지 부분은 아래쪽 사진을 참조하여 여러 각도에서 모양을 확인하며 폼폼을 잘라 올록볼록한 얼굴을 만든다.

3. 지정한 색상의 양모를 이용하여 귀를 만든 다음. 니들 펠트용 바늘로 콕콕 찔러서 본체에 고정한다. 》 84쪽　 》 패턴 126쪽

4. 눈과 코를 접착제로 붙인다. 》 78쪽

5. 지정한 색상의 양모(또는 털실)를 조금 뜯어낸 뒤, 니들 펠트용 바늘로 콕콕 찔러서 코에서 입으로 이어지는 라인을 넣는다. 》 85쪽

6. 남은 연줄을 자르고 뒤쪽에 접착제를 발라서 브로치 핀을 붙이면 완성. 》 86쪽

[실을 자르는 기준]

정면

옆

위

아래

 굴파기 올빼미

작품 》 34쪽

(완성 치수)
가로 63mm×세로 63mm×두께 50mm

품품 메이커의 크기 : 65mm

[사용하는 실]
본체 : ● NEW 세탁이 가능한 메리노 병태사 (02)
● 순모 중세사 (53)
● 세탁이 가능한 합태사 (05)
○ 알파카 메리노 (22)

[기타 재료]
눈 : 플라스틱 아이 매트 컬러(노란색) 9mm … 2개
부리 : 양모 '플루필' (65YE) … 소량
원형 브로치 핀

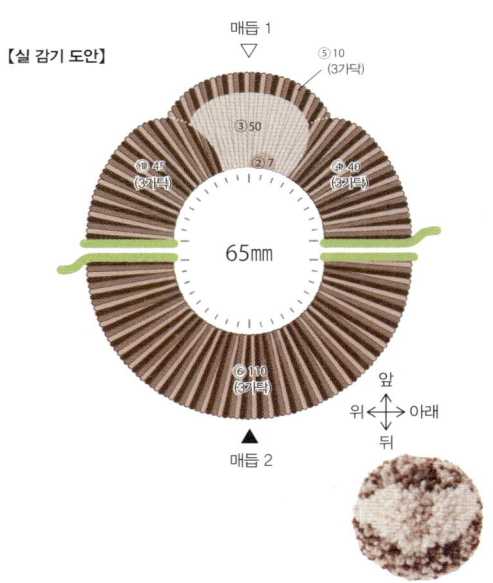

【실 감기 도안】

실을 다 감은 상태

【만드는 방법】

1 65mm짜리 품품 메이커에 ①~⑥의 순서로 실을 감아서 품품을 만든다. ①④⑤⑥은 ● NEW 세탁이 가능한 메리노 병태사 (02), ● 순모 중세사 (53), ● 세탁이 가능한 합태사 (05)를 3가닥씩 감는다. 감은 실을 자른 뒤 매듭 1의 위치에서 연줄을 두 번 감아 묶고, 매듭 2의 위치에서 한 매듭을 두 번 짓는다. 품품을 품품 메이커에서 분리하여 모양을 살짝 정리한 다음, 연줄 매듭에 접착제를 발라서 보강한다. 》 79~82쪽

2 품품을 가위로 자른다. 뒤쪽은 평평하게 자르고, 나머지 부분은 아래쪽 사진을 참조하여 여러 각도에서 모양을 확인하며 품품을 잘라 올록볼록한 얼굴을 만든다.

3 눈을 접착제로 붙인다. 》 78쪽

4 지정한 색상의 양모를 이용하여 부리를 만든 다음. 니들 펠트용 바늘로 콕콕 찔러서 본체에 고정한다. 》 103쪽 》 패턴 127쪽

5 남은 연줄을 자르고 뒤쪽에 접착제를 발라서 브로치 핀을 붙이면 완성. 》 86쪽

✂ 실을 자르는 기준

정면

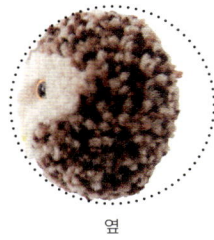
옆

위

아래

문조(색문조(벚꽃 문조), 백문조)

작품 》 30쪽

완성 치수 가로 60mm×세로 75mm×두께 50mm

색문조(벚꽃 문조)

품폼 메이커의 크기 : 25mm, 35mm, 65mm

[사용하는 실]
- 부리 : ● 컬러 멜란지 (02)
- 머리 : ● 컬러 멜란지 (02)
  - ● NEW 세탁이 가능한 메리노 병태사 (21)
  - ○ NEW 세탁이 가능한 메리노 병태사 (01)
- 몸통 : ○ NEW 세탁이 가능한 메리노 병태사 (01)
  - ● 마마 얌 (68)

[기타 재료]
- 눈 : 나사형 눈(검정색) 4mm … 2개
- 자수실(분홍색) … 약 40cm
- 원형 브로치 핀

백문조

품폼 메이커의 크기 : 25mm, 35mm, 65mm

[사용하는 실]
- 부리 : ● 컬러 멜란지 (02)
- 머리 : ● 컬러 멜란지 (02)
  - ○ NEW 세탁이 가능한 메리노 병태사 (01)
- 몸통 : ○ NEW 세탁이 가능한 메리노 병태사 (01)

[기타 재료]
- 눈 : 나사형 눈(검정색) 4mm … 2개
- 자수실(분홍색) … 약 40cm
- 원형 브로치 핀

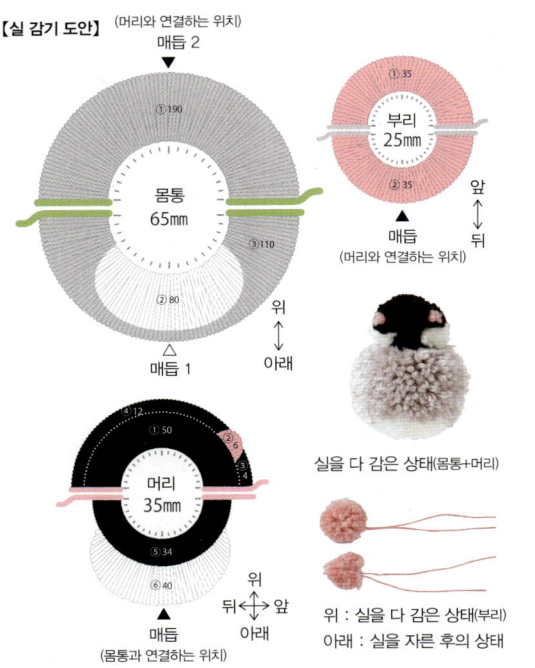

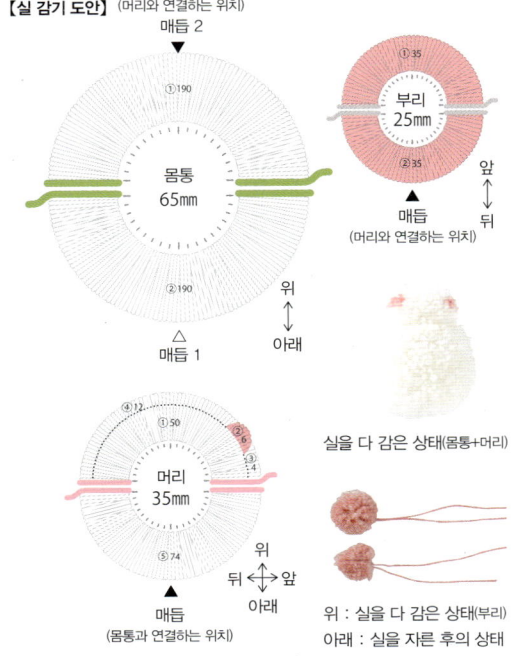

【만드는 방법】

1. 25mm짜리 폼폼 메이커에 ①~②의 순서로 실을 감아서 부리용 폼폼을 만든다. 감은 실을 자른 뒤 매듭의 위치에서 분홍색 자수실을 두 번 감아 묶고, 같은 위치에서 한 매듭을 한 번 짓는다. 폼폼을 폼폼 메이커에서 분리한 뒤 사진을 참고해서 부리 모양으로 자른다. 》 79~82쪽

2. 35mm짜리 폼폼 메이커에 색문조는 ①~⑥, 백문조는 ①~⑤의 순서로 실을 감아서 머리용 폼폼을 만든다. 감은 실을 자른 뒤 매듭의 위치에서 연줄을 두 번 감아 묶고, 같은 위치에서 한 매듭을 한 번 짓는다. 폼폼을 폼폼 메이커에서 분리하여 모양을 살짝 정리한다. 》 79~82쪽

3. 65mm짜리 폼폼 메이커에 색문조는 ①~③, 백문조는 ①~②의 순서로 실을 감아서 몸통용 폼폼을 만든다. 감은 실을 자른 뒤 매듭 1의 위치에서 연줄을 두 번 감아 묶고, 매듭 2의 위치에서 한 매듭을 두 번 짓는다. 폼폼을 폼폼 메이커에서 분리하여 모양을 살짝 정리한다. 》 79~82쪽

4. 머리와 몸통 폼폼을 연결한다. 각각의 폼폼에서 나온 연줄끼리 두 번 감아서 꽉 잡아당겨 묶은 다음, 연줄을 목 뒤쪽으로 돌려 연결 부분에서 한 매듭을 두 번 짓는다. 》 86쪽

5. 부리를 머리에 연결한다. 부리에서 나온 자수실을 자수용 바늘에 꿰고(사진 a) 머리용 폼폼의 정면에서 관통시켜 뒤쪽의 머리 연결 부분으로 바늘을 빼낸다.(사진 b) 이 자수실과 본체의 목 부분에서 나온 연줄을 묶는다. 한 매듭을 두 번 지은 후(사진 c, d, e) 매듭에 접착제를 발라서 보강하고 남은 연줄을 잘라낸다.

6. 머리용과 몸통용 폼폼을 자른다. 뒤쪽은 평평하게 자르고, 나머지 부분은 아래쪽 사진을 참조하여 여러 각도에서 모양을 확인하며 폼폼을 잘라 올록볼록한 얼굴과 몸통 모양을 만든다.

7. 눈을 접착제로 붙인다. 》 78쪽

8. 뒤쪽에 접착제를 발라서 브로치 핀을 붙이면 완성. 》 86쪽

a 　b

c 　d

e

✂ 실을 자르는 기준

　　정면　　　　　　옆　　　　　　　위　　　　　　아래

사랑 앵무 (흰색×파란색, 노란색×담청색)

작품 》 32쪽

완성 치수 가로 60mm×세로 63mm×두께 45mm

흰색×파란색

폼폼 메이커의 크기 : 65mm

[사용하는 실]
- 컬러 멜란지 (07)
- NEW 세탁이 가능한 메리노 병태사 (01)
- 미디 (70)
- 미디 (64)

[기타 재료]
- 눈 : 나사형 눈(검정색) 6mm … 2개
- 코 : 양모 '플루필' (69GY) (70BK) … 소량
- 부리 : 양모 '플루필' (65YE) … 소량
- 원형 브로치 핀

【실 감기 도안】

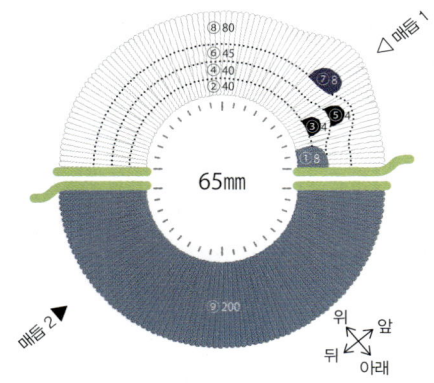

실을 다 감은 상태

노란색×담청색

폼폼 메이커의 크기 : 65mm

[사용하는 실]
- 본체 : 컬러 멜란지 (06)
- 졸리 타임 II (03)
- 미디 (64)
- NEW 세탁이 가능한 메리노 병태사 (01)

[기타 재료]
- 눈 : 나사형 눈(검정색) 6mm … 2개
- 코 : 양모 '플루필' (71LP) (75PU) … 소량
- 부리 : 양모 '플루필' (65YE) … 소량
- 원형 브로치 핀

【실 감기 도안】

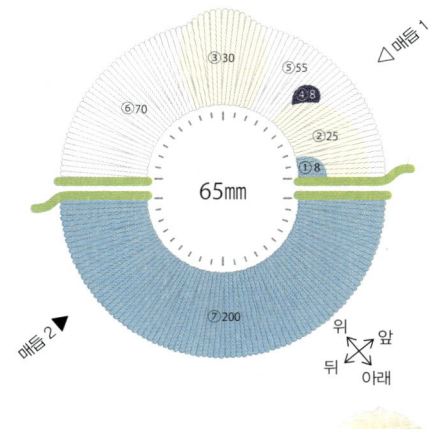

실을 다 감은 상태

【만드는 방법】

1. 65mm짜리 폼폼 메이커에 흰색×파란색은 ①~⑨, 노란색×담청색은 ①~⑦의 순서로 실을 감아서 폼폼을 만든다. 감은 실을 자른 뒤 매듭 1의 위치에서 연줄을 두 번 감아 묶고, 매듭 2의 위치에서 한 매듭을 두 번 짓는다. 폼폼을 폼폼 메이커에서 분리하여 모양을 살짝 정리한 다음, 연줄 매듭에 접착제를 발라서 보강한다. 》 79~82쪽

2. 폼폼을 가위로 자른다. 뒤쪽은 평평하게 자르고, 나머지 부분은 아래쪽 사진을 참조하여 여러 각도에서 모양을 확인하며 폼폼을 잘라 올록볼록한 얼굴을 만든다.

3. 지정한 색상의 양모를 이용하여 부리를 만든 다음(사진 a) 니들 펠트용 바늘로 콕콕 찔러서 본체에 고정한다.(사진 b) 》 패턴 127쪽

4. 지정한 색상의 양모로 코를 만든 다음, 니들 펠트용 바늘을 이용하여 부리를 연결한 부분에 찔러서 고정한다.(사진 c, d)

5. 눈을 접착제로 붙인다. 》 78쪽

6. 남은 연줄을 자르고 뒤쪽에 접착제를 발라서 브로치 핀을 붙이면 완성. 》 86쪽

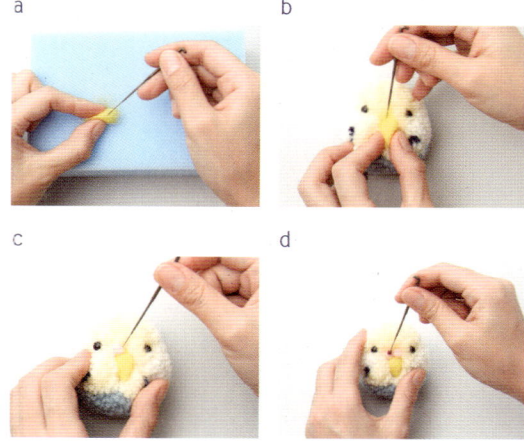

a　　　　　b

c　　　　　d

✂ 실을 자르는 기준

　　　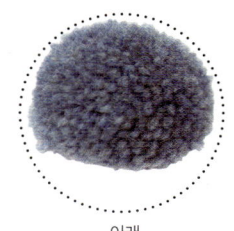

정면　　　　옆　　　　위　　　　아래

아프리카 소쩍새

작품 》 34쪽

[완성 치수]
가로 65mm×세로 63mm×두께 60mm

폼폼 메이커의 크기 : 65mm

[사용하는 실]
- 본체 : ● 알파카 메리노 (27)
  - ○ NEW 세탁이 가능한 메리노 병태사 (01)
  - ● NEW 세탁이 가능한 메리노 병태사 (21)
- 수염 : ○ 모헤어 (01)
- 귀 : ● 알파카 메리노 (24)

[기타 재료]
- 눈 : 플라스틱 아이 매트 컬러(노란색) 9mm … 2개
- 부리 : 양모 '플루필' (65YE) … 소량
- 원형 브로치 핀

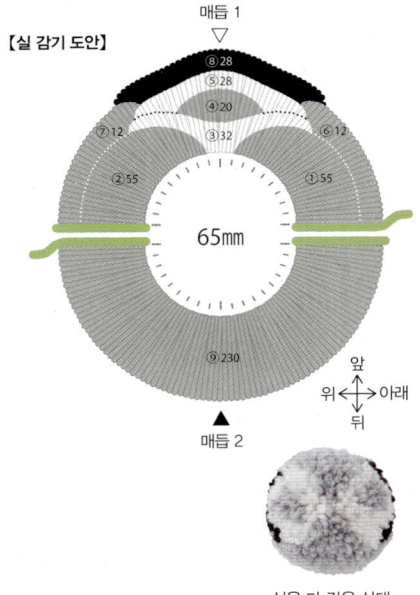

【실 감기 도안】

매듭 1 ▽
⑧ 28
⑤ 28
④ 20
⑦ 12   ③ 32   ⑥ 12
② 55   ① 55
65mm
⑨ 230
앞 위 아래 뒤
▲ 매듭 2

실을 다 감은 상태

【만드는 방법】

1. 65mm짜리 폼폼 메이커에 ①~⑨의 순서로 실을 감아서 폼폼을 만든다. 감은 실을 자른 뒤 매듭 1의 위치에서 연줄을 두 번 감아 묶고, 매듭 2의 위치에서 한 매듭을 두 번 짓는다. 폼폼을 폼폼 메이커에서 분리하여 모양을 살짝 정리한 다음, 연줄 매듭에 접착제를 발라서 보강한다. 》 79~82쪽

2. 폼폼을 가로로 자른다. 뒤쪽은 평평하게 자르고, 나머지 부분은 아래쪽 사진을 참조하여 여러 각도에서 모양을 확인하며 폼폼을 잘라 올록볼록한 얼굴을 만든다.

3. 눈을 접착제로 붙인다. 》 78쪽

4. 지정한 색상의 양모를 이용해서 부리를 만든 다음, 니들 펠트용 바늘로 콕콕 찔러서 본체에 고정한다. 》 103쪽 》 패턴 127쪽

5. 모헤어 (01)을 약 8cm 길이 7가닥을 준비해서 니들 펠트용 바늘로 부리를 연결한 부분에 찔러 고정한 뒤 모양을 잘라서 정리한다. 》 77~78쪽

6. 알파카 메리노 (24)를 약 12cm 길이 8가닥(4가닥씩 2세트)을 준비한 뒤, 뿔 모양으로 솟은 털(위쪽 좌우의 돌출부)의 위치에 귀를 붙이는 요령과 같이 니들 펠트용 바늘로 콕콕 찔러서 고정한다. 》 77쪽

7. 남은 연줄을 자르고 뒤쪽에 접착제를 발라서 브로치 핀을 붙이면 완성. 》 86쪽

✂ 실을 자르는 기준

정면

옆

위

아래

원숭이 올빼미

작품 >> 35쪽

완성 치수
가로 68mm × 세로 68mm × 두께 45mm

| 품폼 메이커의 크기 : 65mm |

[사용하는 실]
본체 : ● 마마 암 (54)
　　　　○ NEW 세탁이 가능한 메리노 병태사 (01)
　　　　● 마마 암 (71)
눈꼬리~콧등 라인 : ● 실피드 모헤어 (33)

[기타 재료]
눈 : 나사형 눈(검정색) 8mm … 2개
부리 : 양모 '플루필' (71LP) … 소량
원형 브로치 핀

【실 감기 도안】

매듭 1 ▽
③ 60
② 190
① 10
65mm
④ 15
⑦ 45 (2가닥)
⑤ 35 (2가닥)
⑥ 35
앞
위 ← → 아래
뒤
▲ 매듭 2

실을 다 감은 상태

【만드는 방법】

1　65mm짜리 품폼 메이커에 ①~⑦의 순서로 실을 감아서 품폼을 만든다. ⑤는 ● 마마 암 (54)와 ● 마마암 (71), ⑦은 NEW 세탁이 가능한 메리노 병태사 (01)과 ● 마마 암 (71)을 2가닥씩 감는다. 감은 실을 자른 뒤 매듭 1의 위치에서 연줄을 두 번 감아 묶고, 매듭 2의 위치에서 한 매듭을 두 번 짓는다. 품폼을 품폼 메이커에서 분리하여 모양을 살짝 정리한 다음, 연줄 매듭에 접착제를 발라서 보강한다. >> 79~82쪽

2　품폼을 가로로 자른다. 뒤쪽은 평평하게 자르고, 나머지 부분은 아래쪽 사진을 참조하여 여러 각도에서 모양을 확인하며 품폼을 잘라 올록볼록한 얼굴을 만든다.

3　눈을 접착제로 붙인다. >>85쪽

4　지정한 색상의 양모를 이용하여 부리를 만든 다음, 니들 펠트용 바늘로 콕콕 찔러서 본체에 고정한다. >> 103쪽　>> 패턴 127쪽

5　● 실피드 모헤어 (33)을 사용해서 니들 펠트용 바늘로 눈꼬리에서 콧등으로 이어지는 라인을 넣는다. >> 85쪽

6　남은 연줄을 자르고 뒤쪽에 접착제를 발라서 브로치 핀을 붙이면 완성. >> 86쪽

✂ 실을 자르는 기준

정면

옆

위

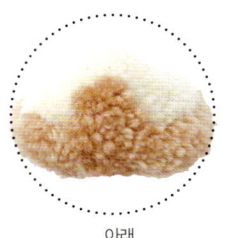

아래

 판다
작품 》》 38쪽

[완성 치수]
가로 65mm×세로 63mm×두께 55mm

품품 메이커의 크기 : 65mm

[사용하는 실]
본체 : ○ NEW 세탁이 가능한 메리노 병태사 (01)
　　　● NEW 세탁이 가능한 메리노 병태사 (21)
귀 : ● NEW 세탁이 가능한 메리노 병태사 (21)

[기타 재료]
눈 : 나사형 눈(검정색) 6mm
　… 2개
코~입 라인 : 양모 또는 털실
(검정색) … 소량
원형 브로치 핀

【실 감기 도안】

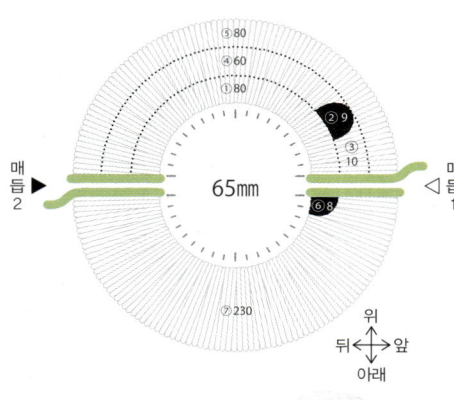

실을 다 감은 상태

【만드는 방법】

1 65mm짜리 품품 메이커에 ①~⑦의 순서로 실을 감아서 품품을 만든다. 감은 실을 자른 뒤 매듭 1의 위치에서 연줄을 두 번 감아 묶고, 매듭 2의 위치에서 한 매듭을 두 번 짓는다. 품품을 품품 메이커에서 분리하여 모양을 살짝 정리한 다음, 연줄 매듭에 접착제를 발라서 보강한다. 》》79~82쪽

2 품품을 가로로 자른다. 뒤쪽은 평평하게 자르고, 나머지 부분은 아래쪽 사진을 참조하여 여러 각도에서 모양을 확인하며 품품을 잘라 올록볼록한 얼굴을 만든다.

3 코 주위는 니들 펠트용 바늘로 측면을 콕콕 찔러 실을 엉기게 해서 단단히 뭉쳐준다. 》》76쪽

4 ● NEW 세탁이 가능한 메리노 병태사 (21)을 약 10cm 길이 14가닥(7가닥씩 2세트)을 준비해서 니들 펠트용 바늘로 콕콕 찔러 본체에 고정한 다음 귀 모양으로 자른다. 》》77~78쪽

5 눈을 접착제로 붙인다. 》》78쪽

6 지정한 색상의 양모(또는 털실)를 조금 뜯어낸 뒤, 니들 펠트용 바늘로 콕콕 찔러 코에서 입으로 이어지는 라인을 넣는다. 》》78쪽

7 남은 연줄을 자르고 뒤쪽에 접착제를 발라서 브로치 핀을 붙이면 완성. 》》86쪽

 실을 자르는 기준

정면

옆

위

아래

여우

작품 》 40쪽

완성 치수
가로 70mm×세로 68mm×두께 58mm

폼폼 메이커의 크기 : 65mm

[사용하는 실]
본체 : ● 마마 암 (54)
　　　 ○ NEW 세탁이 가능한 메리노 병태사 (01)

[기타 재료]
눈 : 캐츠 아이 7.5mm … 2개
귀 : 양모 '플루필' (67BE) (66WH) … 소량
코 : 양모 '플루필' (70BK) … 소량
코~입, 아이라인 : 양모 또는 털실(검정색) … 소량
패브릭용 스탬프 잉크(검정색)
원형 브로치 핀

【실 감기 도안】

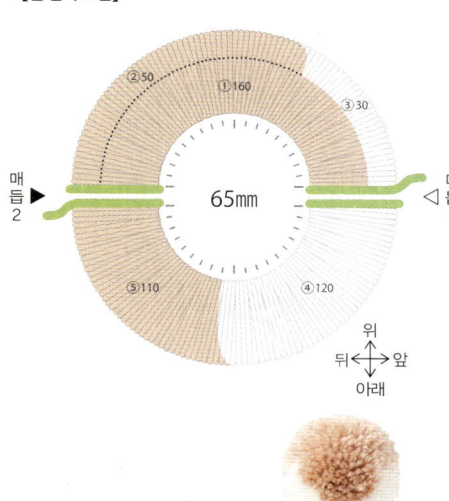

실을 다 감은 상태

【만드는 방법】

1. 65mm짜리 폼폼 메이커에 ①~⑤의 순서로 실을 감아서 폼폼을 만든다. 감은 실을 자른 뒤 매듭 1의 위치에서 연줄을 두 번 감아 묶고, 매듭 2의 위치에서 한 매듭을 두 번 짓는다. 폼폼을 폼폼 메이커에서 분리하여 모양을 살짝 정리한 다음, 연줄 매듭에 접착제를 발라서 보강한다. 》 79~82쪽

2. 폼폼을 가로로 자른다. 뒤쪽은 평평하게 자르고, 나머지 부분은 아래쪽 사진을 참조하여 여러 각도에서 모양을 확인하며 폼폼을 잘라 올록볼록한 얼굴을 만든다.

3. 코 주위는 니들 펠트용 바늘로 측면을 찔러 실을 엉키게 해서 단단히 뭉쳐준다. 》 76쪽

4. 검정색 양모로 코를 만든 다음, 니들 펠트용 바늘로 찔러서 본체에 고정한다. 》 76쪽

5. 베이지색과 흰색 양모를 이용하여 귀를 만든다. 모양이 완성되면 귀 뒤쪽의 상부를 패브릭용 스탬프 잉크로 톡톡 두들겨서 검게 착색시킨다. 착색한 부분은 마무리할 때 위에 천을 대고 다림질한다. 그런 다음 니들 펠트용 바늘로 콕콕 찔러서 본체에 고정한다. 》 84쪽 》 패턴 126쪽

6. 눈을 접착제로 붙인다. 》 85쪽

7. 지정한 색상의 양모(또는 털실)를 조금 뜯어낸 뒤, 니들 펠트용 바늘로 콕콕 찔러 아이라인과 코에서 입으로 이어지는 라인을 넣는다. 》 85쪽

8. 남은 연줄을 자르고 뒤쪽에 접착제를 발라서 브로치 핀을 붙이면 완성. 》 86쪽

✂ 실을 자르는 기준

정면

옆

위

아래

코알라(엄마)

작품 》 39쪽

[완성 치수]
가로 110mm×세로 65mm×두께 53mm

폼폼 메이커의 크기 : 65mm

[사용하는 실]
본체 : ● NEW 세탁이 가능한 메리노 병태사 (21)
　　　● 컬러 멜란지 (10)
　　　○ NEW 세탁이 가능한 메리노 병태사 (01)
귀 : ● 컬러 멜란지 (10)

[기타 재료]
눈 : 크리스털 아이(갈색) 7.5mm
　　　… 2개
원형 브로치 핀

[실 감기 도안]

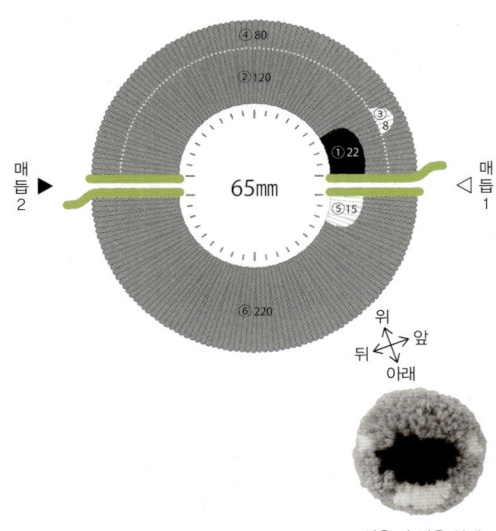

실을 다 감은 상태

[만드는 방법]

1. 65mm짜리 폼폼 메이커에 ①~⑥의 순서로 실을 감아서 폼폼을 만든다. 감은 실을 자른 뒤 매듭 1의 위치에서 연줄을 두 번 감아 묶고, 매듭 2의 위치에서 한 매듭을 두 번 짓는다. 폼폼을 폼폼 메이커에서 분리하여 모양을 살짝 정리한 다음, 연줄 매듭에 접착제를 발라서 보강한다. 》 79~82쪽

2. 폼폼을 가위로 자른다. 뒤쪽은 평평하게 자르고, 나머지 부분은 아래쪽 사진을 참조하여 여러 각도에서 모양을 확인하며 폼폼을 잘라 올록볼록한 얼굴을 만든다.

3. 코는 니들 펠트용 바늘로 측면을 콕콕 찔러 실을 엉기게 해서 단단히 뭉쳐 준다. 》 76쪽

4. ● 컬러 멜란지 (10)을 약 14cm 길이 28가닥(14가닥씩 2세트)을 준비해서 니들 펠트용 바늘로 콕콕 찔러 본체에 고정한 다음 귀 모양으로 자른다. 》 77~78쪽

5. 눈을 접착제로 붙인다. 》 85쪽

6. 남은 연줄을 자르고 뒤쪽에 접착제를 발라서 브로치 핀을 붙이면 완성. 》 86쪽

✂ 실을 자르는 기준

정면

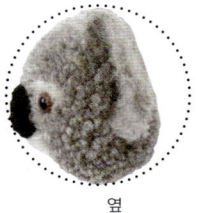
옆

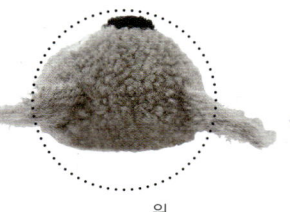
위

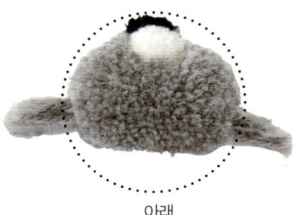
아래

코알라(아기)

작품 》 39쪽

[완성 치수]
가로 90mm×세로 53mm×두께 40mm

폼폼 메이커의 크기 : 45mm	
[사용하는 실]	**[기타 재료]**
본체 : ● NEW 세탁이 가능한 메리노 병태사 (21)	눈 : 플라스틱 아이(갈색) 6mm
● 컬러 멜란지 (10)	… 2개
○ NEW 세탁이 가능한 메리노 병태사 (01)	원형 브로치 핀
귀 : ● 컬러 멜란지 (10)	

【실 감기 도안】

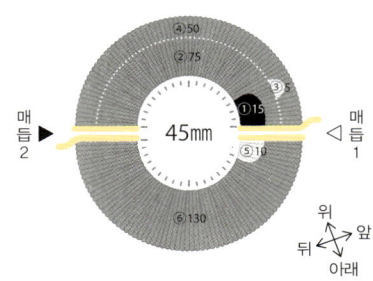

실을 다 감은 상태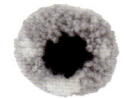

【만드는 방법】

1 45mm짜리 폼폼 메이커에 ①~⑥의 순서로 실을 감아서 폼폼을 만든다. 감은 실을 자른 뒤 매듭 1의 위치에서 연줄을 두 번 감아 묶고, 매듭 2의 위치에서 한 매듭을 두 번 짓는다. 폼폼을 폼폼 메이커에서 분리하여 모양을 살짝 정리한 다음, 연줄 매듭에 접착제를 발라서 보강한다. 》 79~82쪽

2 폼폼을 가로로 자른다. 뒤쪽은 평평하게 자르고, 나머지 부분은 아래쪽 사진을 참조하여 여러 각도에서 모양을 확인하며 폼폼을 잘라 올록볼록한 얼굴을 만든다.

3 코는 니들 펠트용 바늘로 측면을 콕콕 찔러 실을 엉기게 해서 단단히 뭉쳐준다. 》 76쪽

4 ● 컬러 멜란지 (10)을 약 12cm 길이 20가닥(10가닥씩 2세트)을 준비해서 니들 펠트용 바늘로 콕콕 찔러 본체에 고정한 다음 귀 모양으로 자른다. 》 77~78쪽

5 눈을 접착제로 붙인다. 》 85쪽

6 남은 연줄을 자르고 뒤쪽에 접착제를 발라서 브로치 핀을 붙이면 완성. 》 86쪽

※ 정면, 옆, 위, 아래는 108쪽 참조

늑대

작품 》 41쪽

[완성 치수]
가로 68mm × 세로 70mm × 두께 58mm

| 폼폼 메이커의 크기 : 65mm |

[사용하는 실]
본체 : ● 알파카 메리노 (27)
　　　● 알파카 메리노 (24)
　　　○ NEW 세탁이 가능한 메리노 병태사 (01)

[기타 재료]
눈 : 크리스털 아이(금색) 7.5mm … 2개
귀 : 양모 '플루필' (69GY) (66WH) … 소량
코 : 양모 '플루필' (70BK) … 소량
코~입, 아이라인 : 양모 또는 털실(검정색) … 소량
패브릭용 스탬프 잉크(검정색)
원형 브로치 핀

[실 감기 도안]

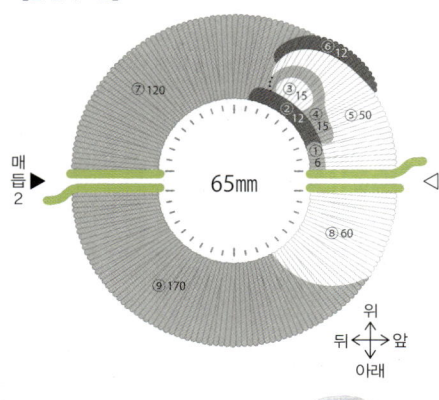

매듭 2 　　　　　　　　　매듭 1

위
뒤 ↔ 앞
아래

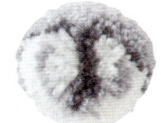

실을 다 감은 상태

[만드는 방법]

1. 65mm짜리 폼폼 메이커에 ①~⑨의 순서로 실을 감아서 폼폼을 만든다. 감은 실을 자른 뒤 매듭 1의 위치에서 연줄을 두 번 감아 묶고, 매듭 2의 위치에서 한 매듭을 두 번 짓는다. 폼폼을 폼폼 메이커에서 분리하여 모양을 살짝 정리한 다음, 연줄 매듭에 접착제를 발라서 보강한다. 》 79~82쪽

2. 폼폼을 가위로 자른다. 뒤쪽은 평평하게 자르고, 나머지 부분은 아래쪽 사진을 참조하여 여러 각도에서 모양을 확인하며 폼폼을 잘라 올록볼록한 얼굴을 만든다.

3. 코 주위는 니들 펠트용 바늘로 측면을 찔러 실을 엉기게 해서 단단히 뭉쳐준다. 》 76쪽

4. 검정색 양모로 코를 만든 다음, 니들 펠트용 바늘로 찔러서 본체에 고정한다. 》 76쪽

5. 회색과 흰색 양모를 이용하여 귀를 만든다. 모양이 완성되면 귀 뒤쪽의 상부를 패브릭용 스탬프 잉크로 톡톡 두들겨 검게 착색시킨다. 착색한 부분은 마무리할 때 위에 천을 대고 다림질한다. 그런 다음 니들 펠트용 바늘로 콕콕 찔러서 본체에 고정한다. 》 84쪽 》 패턴 126쪽

6. 눈을 접착제로 붙인다. 》 85쪽

7. 지정한 색상의 양모(또는 털실)를 조금 뜯어낸 뒤, 니들 펠트용 바늘로 콕콕 찔러 아이라인과 코에서 입으로 이어지는 라인을 넣는다. 》 85쪽

8. 남은 연줄을 자르고 뒤쪽에 접착제를 발라서 브로치 핀을 붙이면 완성. 》 86쪽

✂ 실을 자르는 기준

정면

옆

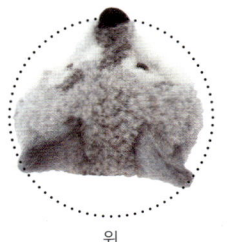
위

아래

사자(암컷)

작품 》 43쪽

완성 치수
가로 73mm×세로 63mm×두께 55mm

폼폼 메이커의 크기 : 65mm

[사용하는 실]
본체 : ● NEW 세탁이 가능한 메리노 병태사 (21)
● 순모 중세사 (53)
● 마마 암 (54)
○ NEW 세탁이 가능한 메리노 병태사 (01)

[기타 재료]
눈 : 크리스털 아이(금색) 7.5mm … 2개
귀 : 양모 '플루필' (67BE) … 소량
코~입, 아이라인 : 양모 또는 털실
(검정색) … 소량
원형 브로치 핀

【실 감기 도안】

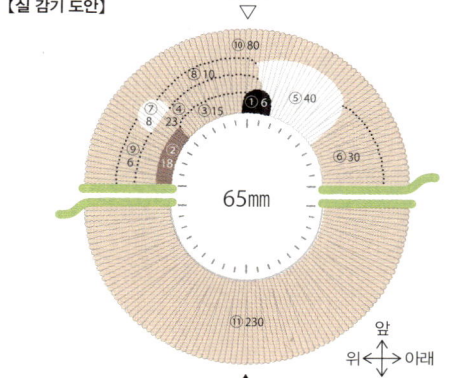

매듭 1 ▽
① 6
② 18
③ 15
④ 23
⑤ 40
⑥ 30
⑦ 8
⑧ 10
⑨ (보이지 않음)
⑩ 80
⑪ 230
65mm

앞/뒤 위↔아래
▲ 매듭 2

실을 다 감은 상태

【만드는 방법】

1. 65mm짜리 폼폼 메이커에 ①~⑪의 순서로 실을 감아서 폼폼을 만든다. 감은 실을 자른 뒤 매듭 1의 위치에서 연줄을 두 번 감아 묶고, 매듭 2의 위치에서 한 매듭을 두 번 짓는다. 폼폼을 폼폼 메이커에서 분리하여 모양을 살짝 정리한 다음, 연줄 매듭에 접착제를 발라서 보강한다. 》 79~82쪽

2. 폼폼을 가위로 자른다. 뒤쪽은 평평하게 자르고, 나머지 부분은 아래쪽 사진을 참조하여 여러 각도에서 모양을 확인하며 폼폼을 잘라 올록볼록한 얼굴을 만든다.

3. 코 주위는 니들 펠트용 바늘로 측면을 콕콕 찔러 실을 엉기게 해서 단단히 뭉쳐준다. 》 76쪽

4. 베이지색 양모를 이용하여 귀를 만든 다음, 니들 펠트용 바늘로 콕콕 찔러서 본체에 고정한다. 》 84쪽 》 패턴 126쪽

5. 눈을 접착제로 붙인다. 》 85쪽

6. 지정한 색상의 양모(또는 털실)를 조금 뜯어낸 뒤, 니들 펠트용 바늘로 콕콕 찔러 아이라인과 코에서 입으로 이어지는 라인을 넣는다. 》 85쪽

7. 남은 연줄을 자르고 뒤쪽에 접착제를 발라서 브로치 핀을 붙이면 완성. 》 86쪽

✂ 실을 자르는 기준

정면

옆

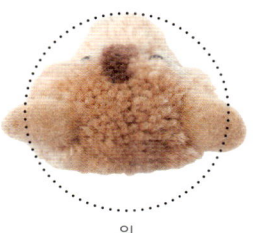
위

아래

사자(수컷)

작품 >> 42쪽

완성 치수
가로 105mm×세로 110mm×두께 60mm

품폼 메이커의 크기 : 65mm

[사용하는 실]
본체 : ● NEW 세탁이 가능한 메리노 병태사 (21)
● 순모 중세사 (53)
● 마마 암 (54)
○ NEW 세탁이 가능한 메리노 병태사 (01)
갈기 : ● 알파카 메리노 (23)

[기타 재료]
눈 : 크리스털 아이(금색) 7.5mm … 2개
귀 : 양모 '플루필' (67BE) … 소량
코~입, 아이라인 : 양모 또는 털실(검정색) … 소량
원형 브로치 핀
골판지 상자를 활용해서 만든 품폼 메이커 (12cm×약 10cm)

[만드는 방법]

1 65mm짜리 품폼 메이커에 ①~⑩의 순서로 실을 감아서 품폼을 만든다. 감은 실을 자른 뒤 매듭 1의 위치에서 연줄을 두 번 감아 묶고, 매듭 2의 위치에서 한 매듭을 두 번 짓는다. 품폼을 품폼 메이커에서 분리하여 모양을 살짝 정리한 다음, 연줄 매듭에 접착제를 발라서 보강한다. >> 79~82쪽

2 갈기를 만든다. >> 113쪽

3 본체용 품폼을 가로로 자른다. 뒤쪽은 평평하게 자르고, 나머지 부분은 아래쪽 사진을 참조하여 여러 각도에서 모양을 확인하며 품폼을 잘라 올록볼록한 얼굴을 만든다.

4 코 주위는 니들 펠트용 바늘로 측면을 콕콕 찔러 실을 엉기게 해서 단단히 뭉쳐준다. >> 76쪽

5 베이지색 양모를 이용하여 귀를 만든 다음, 니들 펠트용 바늘로 콕콕 찔러서 본체와 갈기의 경계선 부근에 고정한다. >> 84쪽 >> 패턴 126쪽

6 눈을 접착제로 붙인다. >> 85쪽

7 지정한 색상의 양모(또는 털실)를 조금 뜯어낸 뒤, 니들 펠트용 바늘로 콕콕 찔러 아이라인과 코에서 입으로 이어지는 라인을 넣는다. >> 85쪽

8 남은 연줄을 자르고 뒤쪽에 접착제를 발라서 브로치 핀을 붙이면 완성. >> 86쪽

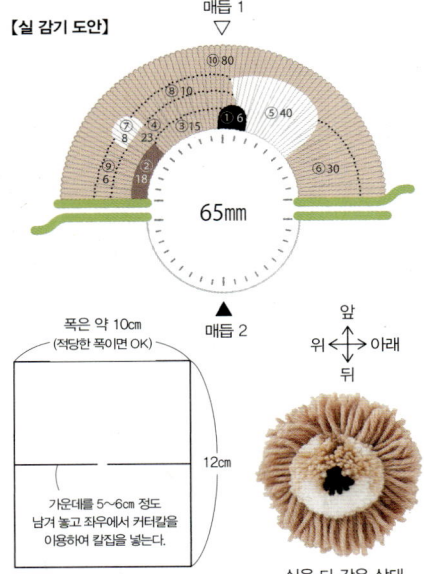

[실 감기 도안]

실을 다 감은 상태

골판지 상자로 만든 품폼 메이커

✂ 실을 자르는 기준

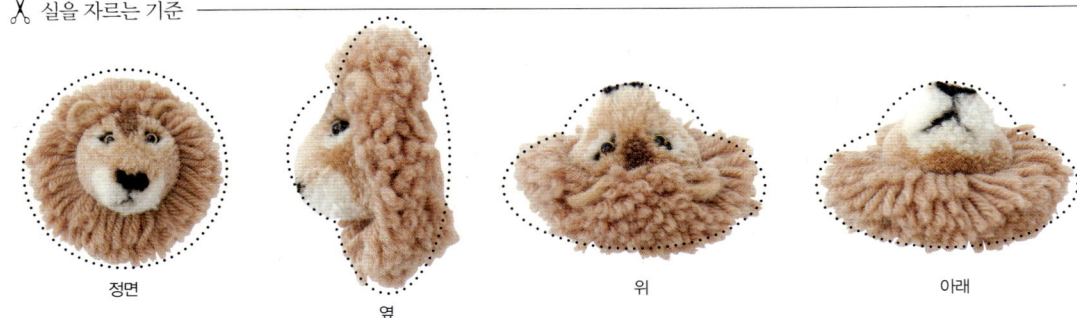

정면　　옆　　위　　아래

갈기를 만드는 방법

1

112쪽을 참조해서 골판지 상자를 활용한 폼폼 메이커를 만듭니다.

2

*1*에 ● 알파카 메리노 (23)을 100회 감습니다.

3

112쪽의 *1*에서 남겨 놓은 연줄을 골판지 상자의 칼집에 끼우고 뒤쪽에서 묶습니다.

뒤쪽에서 본 모습. 연줄을 두 번 감아서 묶습니다.

4

골판지 상자로 만든 폼폼 메이커를 찢어서 연줄을 다시 한 번 꽉 잡아당겨 한 매듭을 지은 뒤 골판지를 분리합니다.
연줄 매듭에는 이쑤시개를 이용하여 접착제를 발라 고정합니다.

5

위아래에 생긴 고리를 자릅니다.   고리를 자른 모습.

6

뒤쪽에서 갈기를 니들 펠트용 바늘로 콕콕 찔러 본체에 고정하여 본체와 일체화합니다.

7

앞쪽에서 모양을 확인하며 자를 때 길이에 차이를 줘서 입체감을 연출합니다.   갈기를 다 자른 상태.

나무늘보
작품 》》 44쪽

완성 치수
가로 65mm×세로 60mm×두께 55mm

| 폼폼 메이커의 크기 : 65mm |

[사용하는 실]
본체 : ● 세탁이 가능한 합태사 (05)
　　　● 순모 중세사 (53)
　　　● 세탁이 가능한 합태사 (02)
　　　● 세탁이 가능한 합태사 (01)
　　　● 세탁이 가능한 합태사 (03)

[기타 재료]
눈 : 나사형 눈(검정색) 6mm … 2개
입의 라인 : 양모 또는 털실(진갈색) … 소량
원형 브로치 핀

【실 감기 도안】

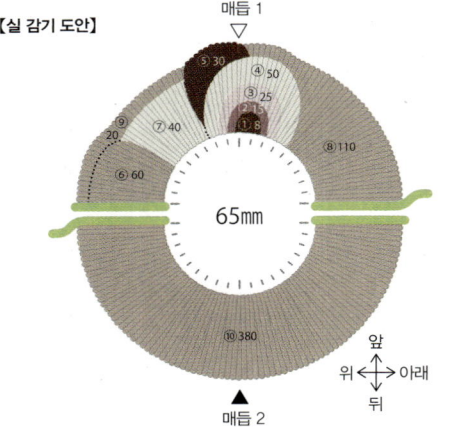

실을 다 감은 상태

【만드는 방법】

1. 65mm짜리 폼폼 메이커에 ①~⑩의 순서로 실을 감아서 폼폼을 만든다. 감은 실을 자른 뒤 매듭 1의 위치에서 연줄을 두 번 감아 묶고, 매듭 2의 위치에서 한 매듭을 두 번 짓는다. 폼폼을 폼폼 메이커에서 분리하여 모양을 살짝 정리한 다음, 연줄 매듭에 접착제를 발라서 보강한다. 》》79~82쪽

2. 폼폼을 가위로 자른다. 뒤쪽은 평평하게 자르고, 나머지 부분은 아래쪽 사진을 참조하여 여러 각도에서 모양을 확인하며 폼폼을 잘라 올록볼록한 얼굴을 만든다.

3. 눈을 접착제로 붙인다. 》》78쪽

4. 지정한 색상의 양모(또는 털실)를 조금 뜯어낸 뒤, 니들 펠트용 바늘로 콕콕 찔러서 입의 라인을 넣는다. 》》78쪽

5. 남은 연줄을 자르고 뒤쪽에 접착제를 발라서 브로치 핀을 붙이면 완성. 》》86쪽

✂ 실을 자르는 기준

정면

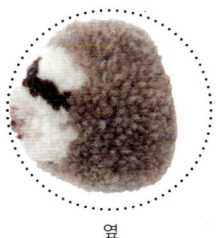
옆

위

아래

양

작품 》 46쪽

[완성 치수]
가로 88mm×세로 65mm×두께 55mm

폼폼 메이커의 크기 : 65mm	
[사용하는 실]	[기타 재료]
본체 : ○ NEW 세탁이 가능한 메리노 병태사 (01) ● 실피드 모헤어 (33)	눈 : 나사형 눈(검정색) 6mm … 2개 귀 : 양모 '플루필' (66WH) (71LP) … 소량 코~입, 아이라인 : 양모 또는 털실(진갈색) … 소량 원형 브로치 핀

【실 감기 도안】

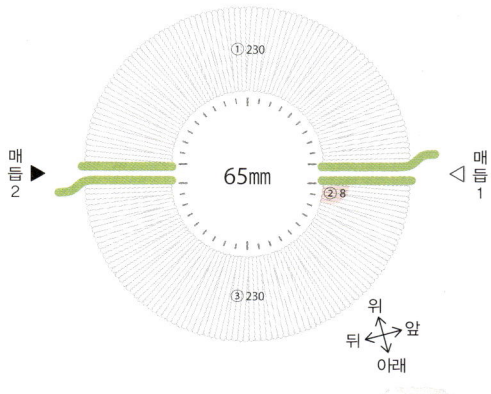

실을 다 감은 상태

【만드는 방법】

1. 65mm짜리 폼폼 메이커에 ①~③의 순서로 실을 감아서 폼폼을 만든다. 감은 실을 자른 뒤 매듭 1의 위치에서 연줄을 두 번 감아 묶고, 매듭 2의 위치에서 한 매듭을 두 번 짓는다. 폼폼을 폼폼 메이커에서 분리하여 모양을 살짝 정리한 다음, 연줄 매듭에 접착제를 발라서 보강한다. 》 79~82쪽

2. 폼폼을 가로로 자른다. 뒤쪽은 평평하게 자르고, 나머지 부분은 아래쪽 사진을 참조하여 여러 각도에서 모양을 확인하며 폼폼을 잘라 올록볼록한 얼굴을 만든다.

3. 코 주위는 니들 펠트용 바늘로 측면을 콕콕 찔러 실을 엉키게 해서 단단히 뭉쳐준다. 》 76쪽

4. 흰색과 연분홍색 양모를 이용하여 귀를 만든 다음, 니들 펠트용 바늘로 콕콕 찔러서 본체에 고정한다. 》 84쪽 》 패턴 126쪽

5. 눈을 접착제로 붙인다. 》 78쪽

6. 지정한 색상의 양모(또는 털실)을 조금 뜯어낸 뒤, 니들 펠트용 바늘로 콕콕 찔러 아이라인과 코에서 입으로 이어지는 라인을 넣는다. 》 85쪽

7. 남은 연줄을 자르고 뒤쪽에 접착제를 발라서 브로치 핀을 붙이면 완성. 》 86쪽

✂ 실을 자르는 기준

정면　　　　　옆　　　　　위　　　　　아래

북극곰

작품 》 50쪽

[완성 치수]
가로 65mm×세로 62mm×두께 55mm

폼폼 메이커의 크기 : 65mm

[사용하는 실]	[기타 재료]
본체 : ○ NEW 세탁이 가능한 메리노 병태사 (01) ● 알파카 메리노 (27)	눈 : 나사형 눈(검정색) 6mm … 2개 귀 : 양모 '플루필' (66WH) … 소량 코 : 양모 '플루필' (70BK) … 소량 코~입 : 양모 또는 털실(검정색) … 소량 원형 브로치 핀

[실 감기 도안]

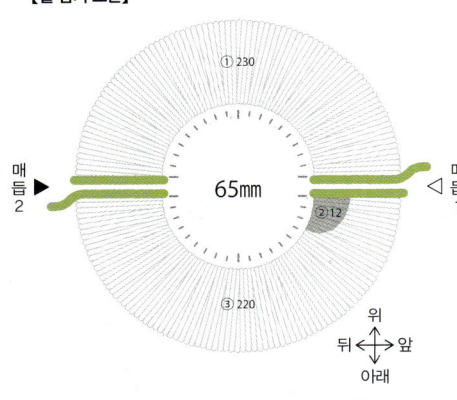

[만드는 방법]

1 65mm짜리 폼폼 메이커에 ①~③의 순서로 실을 감아서 폼폼을 만든다. 감은 실을 자른 뒤 매듭 1의 위치에서 연줄을 두 번 감아 묶고, 매듭 2의 위치에서 한 매듭을 두 번 짓는다. 폼폼을 폼폼 메이커에서 분리하여 모양을 살짝 정리한 다음, 연줄 매듭에 접착제를 발라서 보강한다. 》 79~82쪽

2 폼폼을 가위로 자른다. 뒤쪽은 평평하게 자르고, 나머지 부분은 아래쪽 사진을 참조하여 여러 각도에서 모양을 확인하며 폼폼을 잘라 올록볼록한 얼굴을 만든다.

3 코 주위는 니들 펠트용 바늘로 측면을 콕콕 찔러 실을 엉기게 해서 단단히 뭉쳐준다. 》 76쪽

4 검정색 양모를 이용하여 코를 만든 다음, 니들 펠트용 바늘로 콕콕 찔러서 본체에 고정한다. 》 76쪽

5 흰색 양모를 이용하여 귀를 만든 다음, 니들 펠트용 바늘로 콕콕 찔러서 본체에 고정한다. 》 84쪽 》 패턴 126쪽

6 눈을 접착제로 붙인다. 》 78쪽

7 지정한 색상의 양모(또는 털실)를 조금 뜯어낸 뒤, 니들 펠트용 바늘로 콕콕 찔러 코에서 입으로 이어지는 라인을 넣는다. 》 78쪽

8 남은 연줄을 자르고 뒤쪽에 접착제를 발라서 브로치 핀을 붙이면 완성. 》 86쪽

실을 다 감은 상태

✂ 실을 자르는 기준

정면

옆

위

아래

바다표범

작품 》 52쪽

완성 치수
가로 63mm×세로 62mm×두께 53mm

폼폼 메이커의 크기 : 65mm

[사용하는 실]
본체 : ● NEW 세탁이 가능한 메리노 병태사 (21)
　　　 ● 컬러 멜란지 (10)
　　　 ○ NEW 세탁이 가능한 메리노 병태사 (01)

[기타 재료]
눈 : 나사형 눈(검정색) 8mm … 2개
원형 브로치 핀

【실 감기 도안】

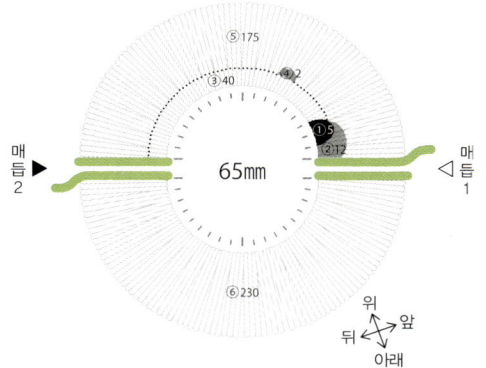

【만드는 방법】

1. 65mm짜리 폼폼 메이커에 ①~⑥의 순서로 실을 감아서 폼폼을 만든다. 감은 실을 자른 뒤 매듭 1의 위치에서 연줄을 두 번 감아 묶고, 매듭 2의 위치에서 한 매듭을 두 번 짓는다. 폼폼을 폼폼 메이커에서 분리하여 모양을 살짝 정리한 다음, 연줄 매듭에 접착제를 발라서 보강한다. 》 79~82쪽

2. 폼폼을 가위로 자른다. 뒤쪽은 평평하게 자르고, 나머지 부분은 아래쪽 사진을 참조하여 여러 각도에서 모양을 확인하며 폼폼을 잘라 올록볼록한 얼굴을 만든다.

3. 눈을 접착제로 붙인다. 》 85쪽

4. 남은 연줄을 자르고 뒤쪽에 접착제를 발라서 브로치 핀을 붙이면 완성. 》 86쪽

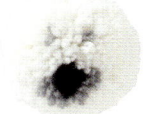

실을 다 감은 상태

✂ 실을 자르는 기준

정면

옆

위

아래

수달

작품 >> 53쪽

[완성 치수]
가로 62mm×세로 60mm×두께 55mm

| 폼폼 메이커의 크기 : 65mm |

[사용하는 실]
본체 : ● 세탁이 가능한 합태사 (05)
　　　　○ 세탁이 가능한 합태사 (02)
　　　　● 세탁이 가능한 합태사 (03)
　　　　○ NEW 세탁이 가능한 메리노 병태사 (01)
귀 : ● 세탁이 가능한 합태사 (03)

[기타 재료]
눈 : 나사형 눈(검정색) 8mm … 2개
원형 브로치 핀

【실 감기 도안】

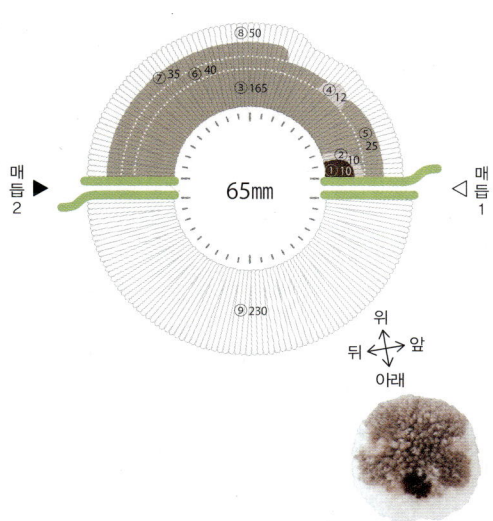

실을 다 감은 상태

【만드는 방법】

1. 65mm짜리 폼폼 메이커에 ①~⑨의 순서로 실을 감아서 폼폼을 만든다. 감은 실을 자른 뒤 매듭 1의 위치에서 연줄을 두 번 감아 묶고, 매듭 2의 위치에서 한 매듭을 두 번 짓는다. 폼폼을 폼폼 메이커에서 분리하여 모양을 살짝 정리한 다음, 연줄 매듭에 접착제를 발라서 보강한다. >> 79~82쪽

2. 폼폼을 가위로 자른다. 뒤쪽은 평평하게 자르고, 나머지 부분은 아래쪽 사진을 참조하여 여러 각도에서 모양을 확인하며 폼폼을 잘라 올록볼록한 얼굴을 만든다.

3. ● 세탁이 가능한 합태사 (03)을 약 8cm×12가닥(6가닥씩 2세트)을 준비해서 니들 펠트용 바늘로 콕콕 찔러 본체에 고정한 다음 귀 모양으로 자른다. >> 77~78쪽

4. 눈을 접착제로 붙인다. >> 85쪽

5. 남은 연줄을 자르고 뒤쪽에 접착제를 발라서 브로치 핀을 붙이면 완성. >> 86쪽

✂ 실을 자르는 기준

정면

옆

위

아래

mini 마스코트

양

작품 》 62쪽

[완성 치수]
가로 55mm×세로 70mm×두께 58mm

【실 감기 도안】

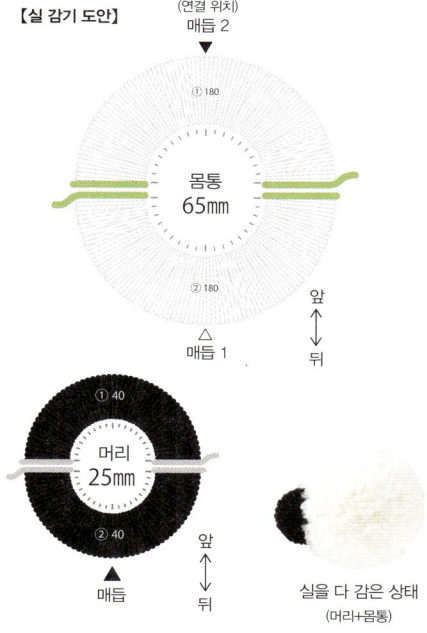

실을 다 감은 상태
(머리+몸통)

| 품폼 메이커의 크기 : 25mm, 65mm |

[사용하는 실]
본체 : ● NEW 세탁이 가능한 메리노 병태사 (21)
몸통 : ○ NEW 세탁이 가능한 메리노 병태사 (01)

[기타 재료]
눈 : 플라스틱 아이(갈색) 4.5mm … 2개
귀 : 펠트(검정색) … 3cm×3cm
다리 : 털실 철사(검정색) … 한 줄(약 27cm)
자수실(검정색) … 약 40cm

【만드는 방법】

1 25mm짜리 폼폼 메이커에 ①~②의 순서로 실을 감아서 머리용 폼폼을 만든다. 감은 실을 자른 뒤 매듭의 위치에서 검정색 자수실을 두 번 감아 묶고, 같은 위치에서 한 매듭을 한 번 짓는다. 폼폼을 폼폼 메이커에서 분리하여 모양을 살짝 정리한다. 》 73~75쪽

2 65mm짜리 폼폼 메이커에 ①~②의 순서로 실을 감아서 몸통용 폼폼을 만든다. 감은 실을 자른 뒤 매듭 1의 위치에서 연줄을 두 번 감아 묶고, 매듭 2의 위치에서 한 매듭을 두 번 짓는다. 폼폼을 폼폼 메이커에서 분리하여 모양을 살짝 정리한다. 》 73~75쪽

3 머리용과 몸통용 폼폼을 연결한다. 각각의 폼폼에서 나온 연줄끼리 두 번 감아서 꽉 잡아당겨 묶은 다음, 같은 위치에서 다시 한 번 한 매듭을 두 번 짓는다. 매듭에 접착제를 발라서 보강하고 남은 연줄은 잘라낸다. 》 86쪽

4 폼폼을 가위로 자른다. 아래쪽 사진을 참조하여 여러 각도에서 모양을 확인하며 폼폼을 잘라 올록볼록한 몸통을 만든다. 》 82~83쪽

5 눈을 접착제로 붙인다. 》 85쪽

6 검정색 펠트를 잘라서 귀를 만든 다음 접착제를 발라 붙인다. 》 127쪽

7 다리를 만든다. 약 27cm의 털실 철사(몰)를 4등분해서 자른다.(사진 a) 각각의 철사를 반으로 접어서 5~6회 비튼다.(사진 b) 고리 모양이 된 부분의 끝을 살짝 구부려서 각도를 주고 (사진 c) 연결 부위에 접착제를 발라서 몸통에 꽂는다.(사진 d) 다리 4개를 붙이면 완성.

실을 자르는 기준

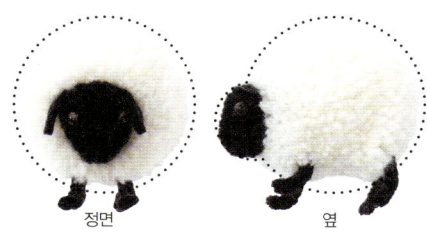

a   b   c   d

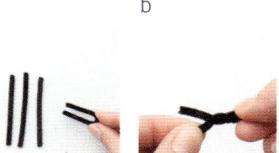
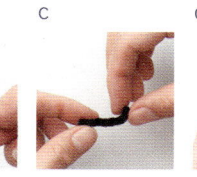

사랑 앵무(파란색)
작품 》 58~59쪽

완성 치수 : 폭 45mm×몸길이 70mm

폼폼 메이커의 크기 : 25mm, 45mm

[사용하는 실]
- 머리 : ● 미디 (55)
-   ○ 미디 (58)
-   ○ 미디 (51)
-   ● 미디 (64)
- 몸통 : ○ 미디 (62)
-   ● 미디 (70)
-   ○ 미디 (51)

[기타 재료]
- 눈 : 나사형 눈(검정색) 4mm … 2개
- 부리 : 펠트(노란색) … 1.5cm×1.5cm
- 꼬리 : 펠트(하늘색) (검정색) … 3cm×3cm
- 자수실(흰색) … 약 40cm
- O링
- 볼 체인

사랑 앵무(연두색)
작품 》 58~59쪽

완성 치수 : 폭 45mm×몸길이 70mm

폼폼 메이커의 크기 : 25mm, 45mm

[사용하는 실]
- 머리 : ○ 미디 (62)
-   ○ 미디 (58)
-   ● 미디 (70)
-   ● 미디 (64)
- 몸통 : ● 미디 (60)
-   ○ 미디 (58)
-   ● 미디 (70)

[기타 재료]
- 눈 : 나사형 눈(검정색) 4mm … 2개
- 부리 : 펠트(노란색) … 1.5cm×1.5cm
- 꼬리 : 펠트(연두색) (검정색) … 3cm×3cm
- 자수실(흰색) … 약 40cm
- O링
- 볼 체인

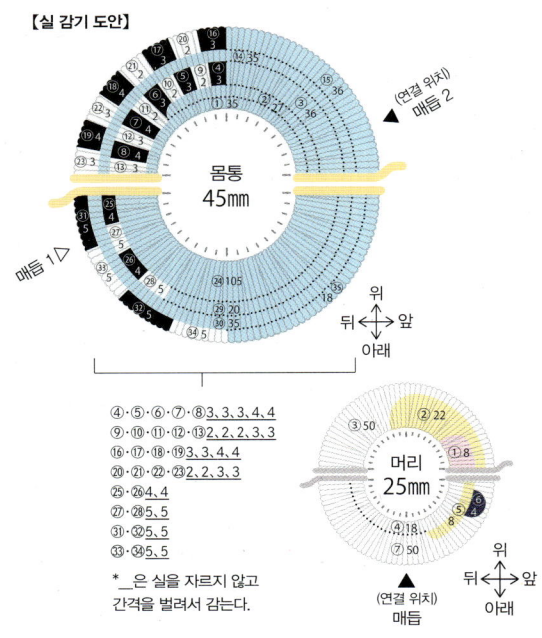

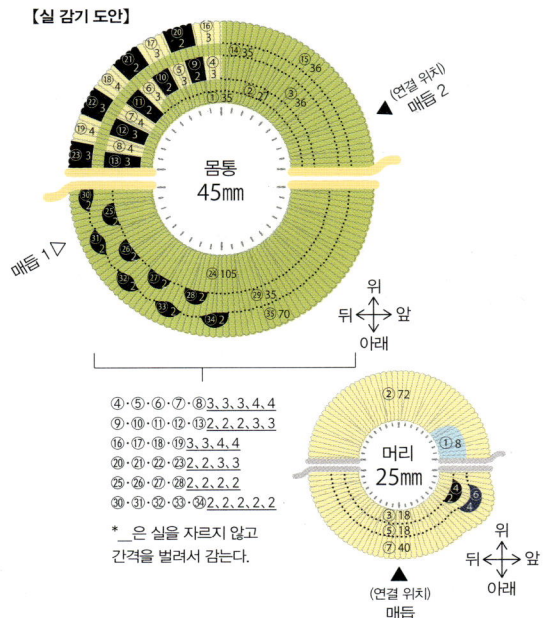

색문조 (벚꽃 문조)

작품 》 58~59쪽

[완성 치수] 폭 45mm×몸길이 70mm

폼폼 메이커의 크기 : 25mm, 45mm

[사용하는 실]
머리 : ● 미디 (70)
　　　● 미디 (56)
　　　○ 미디 (51)
몸통 : ● 미디 (70)
　　　● 미디 (68)
　　　○ 미디 (51)

[기타 재료]
눈 : 나사형 눈(검정색) 4mm … 2개
부리 : 펠트(적분홍색) … 3cm×3cm
꼬리 : 펠트(검정색) … 3cm×3cm
자수실(검정색) … 약 40cm
O링
볼 체인

백문조

작품 》 58~59쪽

[완성 치수] 폭 45mm×몸길이 70mm

폼폼 메이커의 크기 : 25mm, 45mm

[사용하는 실]
머리 : ○ 미디 (51)
　　　● 미디 (56)
몸통 : ○ 미디 (51)

[기타 재료]
눈 : 나사형 눈(검정색) 4mm … 2개
부리 : 펠트(적분홍색) … 3cm×3cm
꼬리 : 펠트(흰색) … 3cm×3cm
자수실(흰색) … 약 40cm
O링
볼 체인

【실 감기 도안】

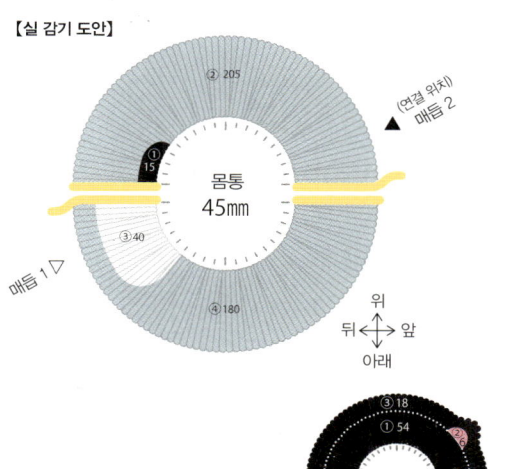

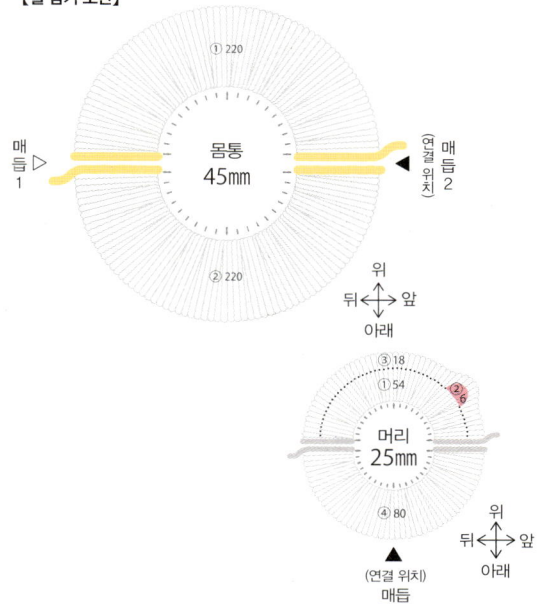

참새

작품 >> 56~57쪽

(완성 치수) 폭 45mm × 몸길이 70mm

품품 메이커의 크기 : 25mm, 45mm

[사용하는 실]
머리 : ● 미디 (66)
　　　● 미디 (70)
　　　○ 미디 (51)
몸통 : ● 미디 (65)
　　　● 미디 (70)
　　　○ 미디 (51)

[기타 재료]
눈 : 나사형 눈(검정색) 4mm … 2개
부리 : 펠트(검정색) … 3cm × 3cm
꼬리 : 펠트(갈색) … 3cm × 3cm
자수실(진갈색) … 약 40cm
O링
볼 체인

실을 다 감은 상태 (머리+몸통)

사랑 앵무
(연두색)

사랑 앵무
(파란색)

백문조

색문조
(벚꽃 문조)

참새

【실 감기 도안】

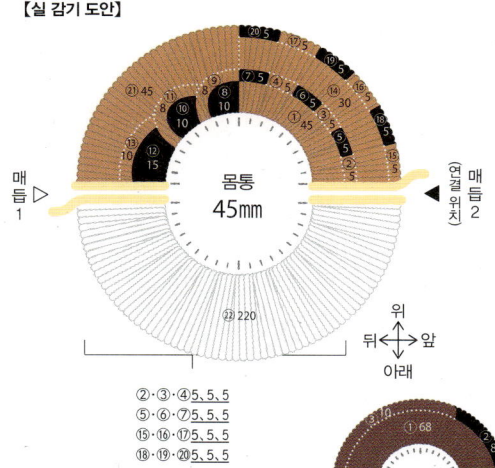

②·③·④ 5、5、5
⑤·⑥·⑦ 5、5、5
⑮·⑯·⑰ 5、5、5
⑱·⑲·⑳ 5、5、5

*＿은 실을 자르지 않고
간격을 벌려서 감는다.

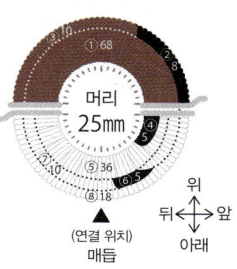

【만드는 방법】

1. 25mm짜리 폼폼 메이커에 사랑 앵무는 ①~⑦, 백문조는 ①~④, 색문조는 ①~⑦, 참새는 ①~⑧의 순서로 실을 감아서 머리용 폼폼을 만든다. 감은 실을 자른 뒤 매듭의 위치에서 자수실을 두 번 감아 묶고, 같은 위치에서 한 매듭을 한 번 짓는다. 폼폼을 폼폼 메이커에서 분리하여 모양을 살짝 정리한다. 》 79~82쪽

2. 45mm짜리 폼폼 메이커에 사랑 앵무는 ①~㉟, 백문조는 ①~②, 색문조는 ①~④, 참새는 ①~㉒의 순서로 실을 감아서 몸통용 폼폼을 만든다. 감은 실을 자른 뒤 매듭 1의 위치에서 연줄을 두 번 감아 묶고, 매듭 2의 위치에서 한 매듭을 두 번 짓는다. 폼폼을 폼폼 메이커에서 분리하여 모양을 살짝 정리한다. 》 79~82쪽

3. 머리용과 몸통용 폼폼을 연결한다. 각각의 폼폼에서 나온 연줄끼리 두 번 감아서 꽉 잡아당겨 묶은 다음, 연줄을 목 뒤쪽으로 돌려 연결 부분에서 한 매듭을 두 번 짓는다. 》 86쪽

   ※ 키홀더로 만들 경우에는 연줄을 목 뒤쪽으로 돌려서 한 매듭을 지은 다음, 오링을 연줄에 끼워서 다시 한 번 한 매듭을 두 번 짓는다. 매듭에 접착제를 발라서 보강하고 남은 연줄을 잘라낸다.(사진 a)

4. 폼폼을 가위로 자른다. 아래쪽 사진을 참조하여 여러 각도에서 모양을 확인하며 폼폼을 잘라 올록볼록한 몸통과 머리를 만든다.

5. 눈을 접착제로 붙인다. 》 78쪽

6. 지정한 색상의 펠트를 잘라서 부리와 귀를 만든 다음 접착제를 발라 붙인다.(사진 b, c) 》 패턴 127쪽

7. 볼 체인을 달 경우에는 목 부분의 O링에 끼우면 완성.

a
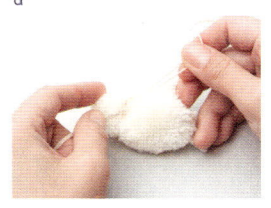

b
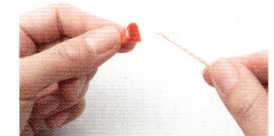

c

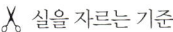
실을 자르는 기준

정면

옆

뒤

고슴도치(엄마)

작품 》》 60~61쪽

[완성 치수] 폭 65mm×몸길이 75mm×높이 50mm

폼폼 메이커의 크기 : 35mm, 65mm

[사용하는 실]
- 머리 : ● 그레이스 메리노 (12)
  ○ NEW 세탁이 가능한 메리노 병태사 (01)
- 몸통 : ● 컬러 멜란지 (01)
  ● 순모 중세사 (53)
  ○ NEW 세탁이 가능한 메리노 병태사 (01)

[기타 재료]
- 눈 : 나사형 눈(검정색) 4mm … 2개
- 귀 : 펠트(회색) … 3cm×3cm
- 코 : 나사형 코(검정색) 6mm … 1개
- 자수실(흰색) … 약 40cm

【실 감기 도안】

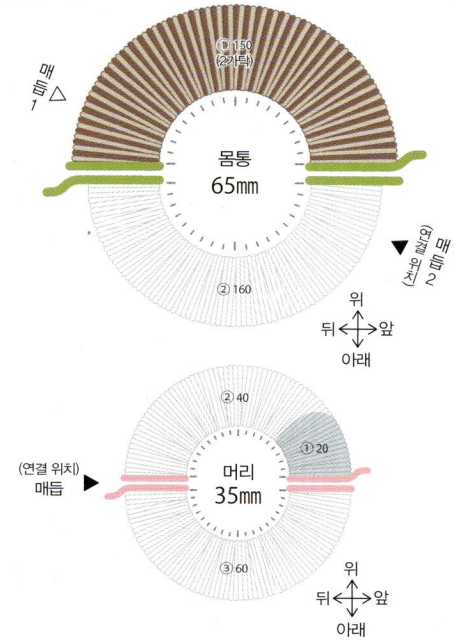

고슴도치(아기)

작품 》》 58~59쪽

[완성 치수] 폭 50mm×몸길이 60mm×높이 38mm

폼폼 메이커의 크기 : 25mm, 45mm

[사용하는 실]
- 머리 : ● 그레이스 메리노 (12)
  ○ NEW 세탁이 가능한 메리노 병태사 (01)
- 몸통 : ● 컬러 멜란지 (01)
  ● 순모 중세사 (53)
  ○ NEW 세탁이 가능한 메리노 병태사 (01)

[기타 재료]
- 눈 : 나사형 눈(검정색) 3mm … 2개
- 귀 : 펠트(회색) … 3cm×3cm
- 코 : 나사형 코(검정색) 6mm … 1개
- 자수실(흰색) … 약 40cm

【실 감기 도안】

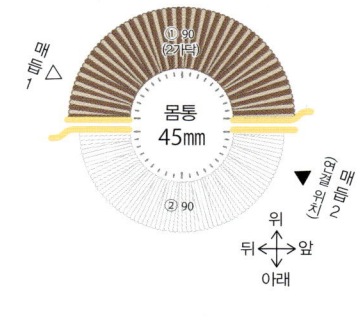

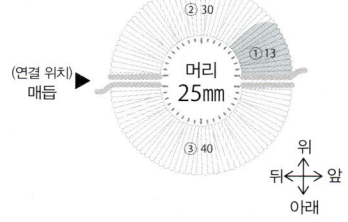

【만드는 방법】

1. 엄마 고슴도치는 65mm짜리(아기는 45mm짜리) 폼폼 메이커에 ①~②의 순서로 실을 감아서 몸통용 폼폼을 만든다. ①은 ● 컬러 멜란지 (01)과 ● 순모 중세사 (53)을 2가닥씩 감는다. 감은 실을 자른 뒤 매듭 1의 위치에서 연줄을 두 번 감아 묶고, 매듭 2의 위치에서 한 매듭을 두 번 짓는다. 폼폼을 폼폼 메이커에서 분리하여 모양을 살짝 정리한다. 》 79~82쪽

2. 엄마 고슴도치는 35mm짜리(아기는 25mm짜리) 폼폼 메이커에 ①~③의 순서로 실을 감아서 머리용 폼폼을 만든다. 감은 실을 자른 뒤 매듭의 위치에서 흰색 자수실을 두 번 감아 묶고, 같은 위치에서 한 매듭을 한 번 짓는다. 폼폼을 폼폼 메이커에서 분리하여 모양을 살짝 정리한다. 》 79~82쪽

3. 머리용과 몸통용 폼폼을 연결한다. 각각의 폼폼에서 나온 연줄끼리 두 번 감아서 꽉 잡아당겨 묶은 다음, 연줄을 목 뒤쪽(등쪽)으로 돌려 연결 부분에서 한 매듭을 두 번 짓는다. 매듭에 접착제를 발라서 보강하고 남은 연줄을 잘라낸다. 》 86쪽

4. 폼폼을 가위로 자른다. 아래쪽 사진을 참조하여 여러 각도에서 모양을 확인하며 폼폼을 잘라 올록볼록한 몸통과 머리를 만든다.

5. 코 주위는 니들 펠트용 바늘로 측면을 콕콕 찔러 실을 엉키게 해서 단단히 뭉쳐준다. 》 76쪽

6. 눈과 코를 접착제로 붙인다. 코의 방향은 위아래를 거꾸로 뒤집어서 사용한다. 》 78쪽

7. 지정한 색상의 펠트를 잘라서 귀를 만든 다음 접착제를 발라 붙이면 완성. 》 패턴 127쪽

실을 다 감은 상태 (머리+몸통)

엄마 　　　　　　　아기

✂ 실을 자르는 기준

정면 　　　　　　　옆

패턴

양모나 펠트로 만드는 귀, 부리, 꼬리의 패턴입니다.

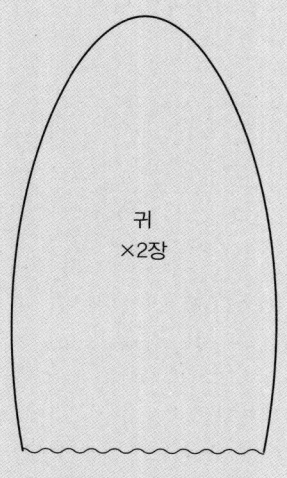

토끼
(그레이) (베이지)
작품 》》 18~19쪽
만드는 방법 》》 79~85쪽, 87쪽

햄스터
(그레이 · 화이트 · 베이지)
작품 》》 23쪽
만드는 방법 》》 94~95쪽

고슴도치
작품 》》 20~21쪽
만드는 방법 》》 90쪽

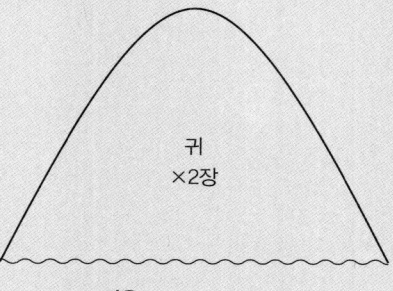

여우
작품 》》 40쪽
만드는 방법 》》 107쪽

늑대
작품 》》 41쪽
만드는 방법 》》 110쪽

턱시도 고양이
작품 》》 29쪽
만드는 방법 》》 98쪽

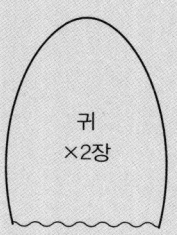

양
작품 》》 46~47쪽
만드는 방법 》》 115쪽

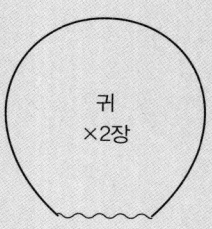

북극곰
작품 》》 50쪽
만드는 방법 》》 116쪽

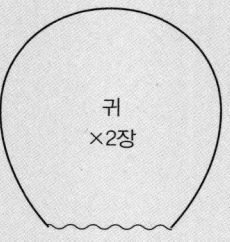

사자
(수컷) (암컷)
작품 》》 42~43쪽
만드는 방법 》》 111~113쪽

부리

사랑 앵무
(흰색×파란색·노란색×담청색)
작품 》 32쪽
만드는 방법 》 102~103쪽

원숭이 올빼미
작품 》 35쪽
만드는 방법 》 105쪽

부리

아프리카 소쩍새
작품 》 34쪽
만드는 방법 》 104쪽

굴파기 올빼미
작품 》 34쪽
만드는 방법 》 99쪽

부리

꼬리 A 꼬리 B

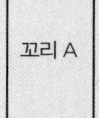 

mini 마스코트
사랑 앵무
(파란색·연두색)
작품 》 58~59쪽
만드는 방법 》 120~123쪽

위 부리   아래 부리

mini 마스코트
문조(색문조(벚꽃 문조)·백문조)
작품 》 58~59쪽
만드는 방법 》 120~123쪽

위 부리   아래 부리

mini 마스코트
참새
작품 》 56~57쪽
만드는 방법 》 122~123쪽

꼬리

mini 마스코트
문조(색문조(벚꽃 문조)·백문조)
작품 》 58~59쪽
만드는 방법 》 120~123쪽

mini 마스코트
참새
작품 》 56~57쪽
만드는 방법 》 122~123쪽

귀 ×2장

mini 마스코트
고슴도치(엄마)
작품 》 60~61쪽
만드는 방법 》 124~125쪽

귀 ×2장

mini 마스코트
고슴도치(아기)
작품 》 60~61쪽
만드는 방법 》 124~125쪽

귀 ×2장

mini 마스코트
양
작품 》 62~63쪽
만드는 방법 》 119쪽

◇ 당신은 언제나 옳습니다. 그대의 삶을 응원합니다. — 라의눈 출판그룹

처음 시작하는 동물 폼폼

초판 1쇄 | 2016년 11월 21일
3쇄 | 2023년 2월 27일

지은이	trikotri	옮긴이	박재영
펴낸이	설응도	편집주간	안은주
영업책임	민경업		

펴낸곳 | 라의눈

출판등록 | 2014 년 1 월 13 일 (제 2019-000228 호)
주소 | 서울시 강남구 테헤란로 78 길 14-12(대치동) 동영빌딩 4층
전화 | 02-466-1283   팩스 | 02-466-1301

문의 (e-mail)
편집 | editor@eyeofra.co.kr
마케팅 | marketing@eyeofra.co.kr
경영지원 | management@eyeofra.co.kr

ISBN 979-11-86039-68-7 13630

이 책의 저작권은 저자와 출판사에 있습니다.
저작권법에 따라 보호를 받는 저작물이므로 무단전재와 복제를 금합니다.
이 책 내용의 일부 또는 전부를 이용하려면
반드시 저작권자와 출판사의 서면 허락을 받아야 합니다.
잘못 만들어진 책은 구입처에서 교환해드립니다.

DOBUTSU PONPON by trikotri
Copyright © 2016 trikotri
All rights reserved.
Original Japanese published by Seibundo Shinkosha Publishing Co., Ltd.
Korean translation rights © 2016 Eye of Ra Publishing Co., Ltd.
This Korean edition is published by arrangement with Seibundo Shinkosha Publishing Co., Ltd.,
Tokyo in care of Tuttle-Mori Agency, Inc., Tokyo through AMO Agency, Seoul.

복제불가: 본서에 게재된 내용(본문, 사진, 디자인, 도표 등)은 개인적인 범위 내에서만 사용해야 하며,
저작권자의 허락이 없는 한 무단으로 운영하거나 상업적으로 이용하는 것을 금합니다.

撮 影　　福井裕子
デザイン・装丁　oto (室田征臣／室田彩乃)
巻き図制作　　株式会社ウエイド 手芸制作部
　　　　　　　(原田鎮郎、渡辺信吾)
編集進行　　古池日香留
モデル　　森野美紗子、許斐絵里、
　　　　　野口智子、阪中宏美、阪中媛花、山洞勝義
撮影協力　　Lookey Dookey
　　　　　　東京都渋谷区恵比寿西1-18-4
　　　　　　080-4423-6955
　　　　　　www.lookeydookey.com

　　　　　　AWABEES
　　　　　　東京都渋谷区千駄ヶ谷3-50-11
　　　　　　明星ビルディング5F
　　　　　　03-5786-1600

　　　　　　UTUWA
　　　　　　東京都渋谷区千駄ヶ谷3-50-11
　　　　　　明星ビルディング1F
　　　　　　03-6447-0070

協 力　　クロバー株式会社
　　　　　tel.06-6978-227兀 お客様係)
　　　　　http://www.clover.co.jp/

　　　　　ハマナカ株式会社
　　　　　tel.京都本社075-463-5151(代)
　　　　　　東京支社03-3864-5151(代)
　　　　　http://www.hamanaka.jp

素材道具提供

藤久株式会社
愛知県名古屋市名東区高社1丁目210番地
TEL 0120-478-020
http://www.crafttown.jp/

シュゲール(通信販売)
TEL 0570-783-658
http://www.shugale.com/